1일 1독해

세계사 ① 고대

"하루 15분" 똑똑한 공부 습관

1일 1독해

개정1판 1쇄	2026년 3월 25일
초판 1쇄	2022년 6월 20일
펴낸곳	메가스터디(주)
펴낸이	손은진
개발 책임	김문주
개발	양수진, 최란경, 표민지
글	메가스터디 초등교육 연구소, 구름돌
그림	박소연
디자인	주희연
마케팅	김상민
제작	이성재, 장병미
사진 제공	토픽이미지스
주소	서울시 서초구 효령로 304(서초동) 국제전자센터 24층
대표전화	1661-5431
홈페이지	http://www.megastudybooks.com
출판사 신고 번호	제 2015-000159호
출간제안/원고투고	메가스터디북스 홈페이지 <투고 문의>에 등록

일러두기
· 맞춤법과 띄어쓰기는 국립국어원에서 펴낸 《표준국어대사전》을 기준으로 삼되, 초등학교 교과서의 표기를 참고했습니다.
· 외국의 인명과 지명은 국립국어원에서 펴낸 《외래어 표기법》을 따랐습니다.
· 본 저작물은 공공누리 제1유형에 따라 공공 저작물을 이용하였습니다.

메가스터디북스

'메가스터디북스'는 메가스터디㈜의 교육, 학습 전문 출판 브랜드입니다.

초중고 참고서는 물론, 어린이/청소년 교양서, 성인 학습서까지 다양한 도서를 출간하고 있습니다.

KC · 제품명 1일 1독해 세계사 1
· 제조자명 메가스터디㈜ · 제조년월 판권에 별도 표기 · 제조국명 대한민국 · 사용연령 3세 이상
· 주소 및 전화번호 서울시 서초구 효령로 304(서초동) 국제전자센터 24층 / 1661-5431

1일 1독해
세계사

〈1일 1독해 세계사〉는
하루 15분, 세계사 교과 독해를 통해 교과 학습에 대비하며
독해력과 역사 배경지식을 함께 키울 수 있도록 구성하였습니다.
고대부터 현대까지 이어지는 주요 사건과 인물을 따라가며
세계사 흐름을 한눈에 파악할 수 있습니다.

1권　고대　인류가 문명을 이룩하고 동서양의 그대 국가들이 기틀을 잡는 과정을 살펴봅니다.

2권　중세　종교를 중심으로 형성된 각 지역 문화권의 발전 과정을 이해합니다.

3권　근대(상)　르네상스와 종교개혁을 통한 가치관 변화와 중앙 집권 국가의 특징을 알아봅니다.

4권　근대(하)　산업혁명으로 인한 사회·경제 변화를 이해하고 국민 국가 건설 과정을 파악합니다.

5권　현대　두 차례의 세계 대전과 냉전, 오늘날의 다원화된 세계의 모습을 살펴봅니다.

우리 아이 10년 뒤를 바꾸는 독해력!

독해력은 모든 학습의 기초 체력입니다. 초등 시기에 제대로 읽고 이해하는 독해력을 탄탄하게 다져 놓으면, 중학생, 고등학생이 되어 아무리 어려운 지문과 문제를 접하더라도 그 내용을 잘 이해할 수 있고 차근차근 문제를 풀 수 있습니다. 독해력이 뛰어난 아이일수록 여러 교과의 내용을 쉽게 이해할 수 있고, 자신의 생각을 풍부하고 명확하게 표현할 수 있습니다.

왜 1일 1독해 일까?

<1일 1독해> 시리즈는 주제에 맞는 이야기가 짧은 지문으로 제시되어 부담 없이 매일 한 장씩 풀기 좋습니다. 독해는 어릴 때 습관을 잡아 주는 것이 가장 중요합니다. 메가스터디북스의 <1일 1독해> 시리즈로 몸의 근육을 키우듯 아이의 학습 근육을 키워 주세요.

① 아이가 재미있어서 스스로 보는 책

왜 아이들은 1일 1독해를
"재미있다"고 할까요?
눈높이에 맞는 흥미로운 주제의
지문들을 읽는 즐거움이
있기 때문입니다.
지문을 읽고 바로바로 문제를 풀어
확인하는 단순한 학습 패턴에서
아이는 공부의 재미를 느끼게 됩니다.

② 매일 완독하니까 성공의 경험이 쌓이는 책

하루 15분! 지문 1쪽, 문제 1쪽의
부담 없는 학습량으로 아이는
매일매일 성공적인 학습을
경험합니다.
매일 느끼는 성취감은 꾸준한
학습 습관으로 이어지고,
완독의 경험이 쌓여
아이의 공부 기초 체력이 됩니다.

③ 독해 학습과 배경지식 확장이 가능한 책

한국사, 세계사, 사회 등
교과 연계 지문으로
교과 학습을 대비할 수 있고,
우리 문화를 담은 글을 포함해
세계 명작, 고전, 인물까지
인문 교양과 관련된
폭넓은 주제의 지문으로
배경지식을 확장시킬 수 있습니다.

메가스터디북스 1일 1독해 시리즈

<1일 1독해> 시리즈는 독해를 이제 막 시작하는 예비 초등을 위한 이야기 시리즈, 초등학교 전학년이 볼 수 있는 교과 연계 중심의 교과학습 시리즈, 배경지식을 확장해 주는 인문교양 시리즈로 구성됩니다.

예비 초~2학년

이야기

호기심을 키우는 다양한 주제의 이야기로, 아이가 관심 있는 주제부터 시작하여 차근차근 독해력을 길러 줍니다.

과학 이야기 ❶ ~ ❻
세계 나라 ❶, ❷
세계 명작
마음 이야기
우리나라 ❶ ~ ❹
전 14권

초등 교과학습

> 2022 개정 교육과정

한국사

우리 역사의 주요 사건과 인물을 시대별로 구성하여, 한국사의 흐름을 이해하고 교과 학습에 대비할 수 있습니다.

❶ 선사 ~ 통일 신라
❷ 후삼국 ~ 고려
❸ 조선(상)
❹ 조선(하)
❺ 대한 제국 ~ 현대
전 5권

세계사

세계사의 주요 장면들을 독해로 학습하며 우리 아이가 반드시 알아야 할 세계사 지식을 시대별 흐름에 맞춰 익힐 수 있습니다.

❶ 고대
❷ 중세
❸ 근대(상)
❹ 근대(하)
❺ 현대
전 5권

초등 사회

사회 문화, 지리, 전통문화, 정치, 경제 등의 사회 교과 독해를 통해 교과 학습에 대비할 수 있습니다.

❶ ~ ❺
전 5권

초등 인문교양

세계 고전 50, 우리 고전 50

초등학생이 꼭 읽어 두어야 할 세계 고전 50편과 우리 고전 50편을 하이라이트로 미리 접하며 교양을 쌓을 수 있습니다.

세계 고전 50 ❶, ❷
우리 고전 50
❶ 삼국유사 설화
❷ 교과서 고전문학
전 4권

세상을 바꾼 인물 100

교과서에 수록된 인물을 중심으로 초등학생이 꼭 알아야 할 위대한 인물 100명의 이야기를 통해 바른 인성을 기를 수 있습니다.

❶ 문화 · 예술
❷ 과학 · 기술
❸ 의료 · 봉사
❹ 경제 · 정치
전 4권

1일 1독해

지문 1쪽 문제 1쪽으로 매일매일 **독해력 강화!**

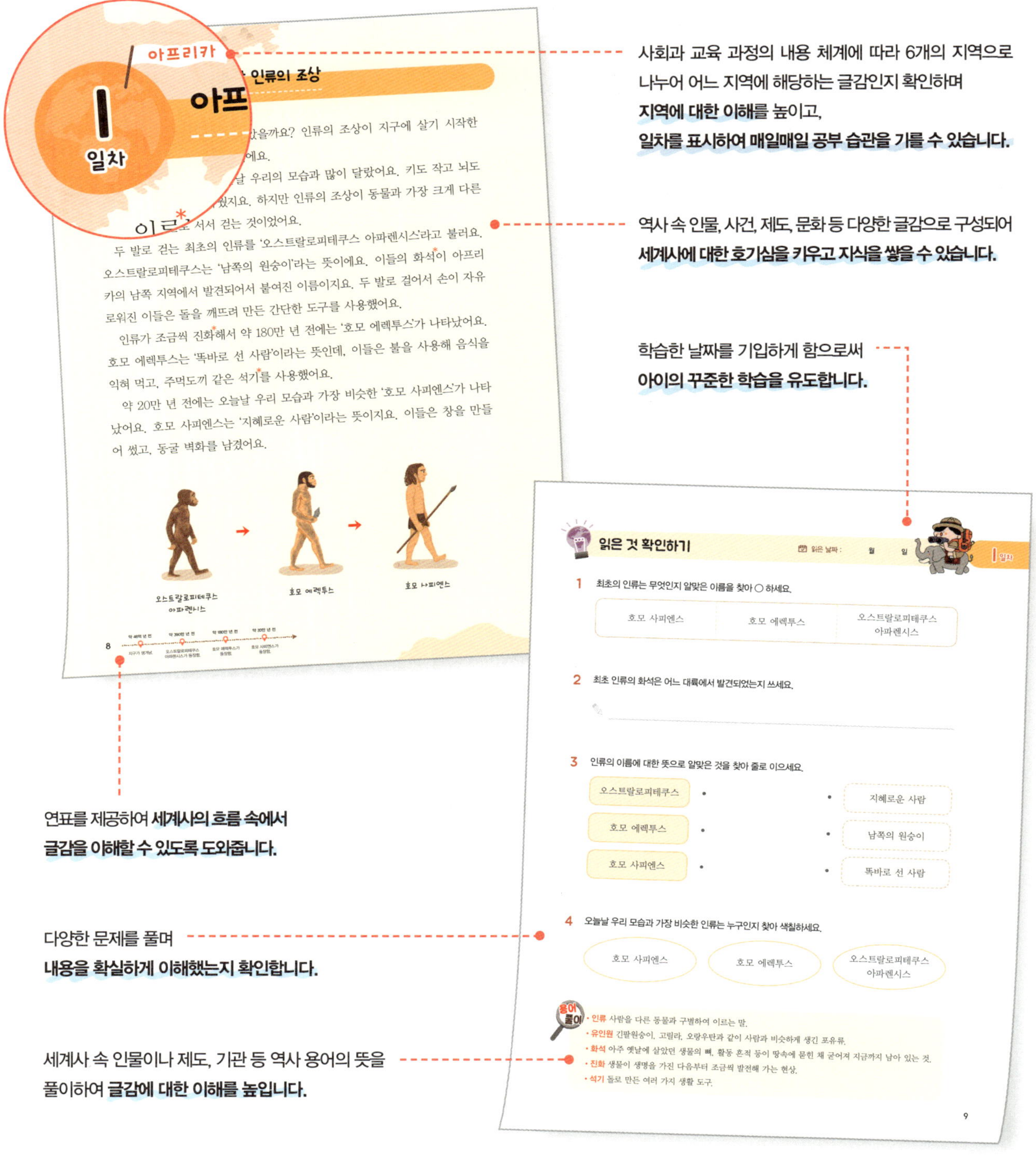

사회과 교육 과정의 내용 체계에 따라 6개의 지역으로 나누어 어느 지역에 해당하는 글감인지 확인하며 **지역에 대한 이해를 높이고,** **일차를 표시하여 매일매일 공부 습관을 기를 수 있습니다.**

역사 속 인물, 사건, 제도, 문화 등 다양한 글감으로 구성되어 **세계사에 대한 호기심을 키우고 지식을 쌓을 수 있습니다.**

학습한 날짜를 기입하게 함으로써 **아이의 꾸준한 학습을 유도합니다.**

연표를 제공하여 **세계사의 흐름 속에서** **글감을 이해할 수 있도록 도와줍니다.**

다양한 문제를 풀며 **내용을 확실하게 이해했는지 확인합니다.**

세계사 속 인물이나 제도, 기관 등 역사 용어의 뜻을 풀이하여 **글감에 대한 이해를 높입니다.**

낱말 퍼즐과 속닥속닥 세계사로 배경지식까지 풍성하게!

알쏭달쏭 낱말 퍼즐

4~6개의 글감을 읽은 다음 알쏭달쏭 낱말 퍼즐을 풀며
글감에 나온 용어나 내용을 잘 이해했는지 확인합니다.

속닥속닥 세계사

앞에서 읽은 글감과 연관된 속닥속닥 세계사의
재미있는 이야기로 세계사에 대한 흥미와 이해를 높입니다.

찾아보기

찾아보기는 인물이나 제도, 기관 등 세계사에 등장하는
다양한 용어가 어느 부분에 나오는지 표기하여 언제든지
찾아볼 수 있습니다.

 사회 교과 과정에 따라 지역을 구분하였습니다. 글감에 나오는 나라의 위치를 지도에서 찾아보세요.

아이슬란드
스웨덴
핀란드
노르웨이
에스토니아
라트비아
리투아니아
덴마크
아일랜드
영국
네덜란드
벨라루스
폴란드
독일
체코
슬로바키아
우크라이나
프랑스
스위스
오스트리아
헝가리
몰도바
크로아티아
이탈리아
보스니아
헤르체고비나
세르비아
불가리아
에스파냐
포르투갈
그리스
유럽
러시아
카자흐스탄
몽골
동아시아
서아시아
조지아
아제르바이잔
우즈베키스탄
키르기스스탄
튀르키예
투르크메니스탄
타지키스탄
중국
대한민국
일본
시리아
레바논
이스라엘
요르단
이라크
이란
아프가니스탄
쿠웨이트
파키스탄
네팔
부탄
인도
아랍 에미리트
사우디아라비아
오만
인도
방글라데시
미얀마
베트남
라오스
타이완
모로코
튀니지
타이
캄보디아
필리핀
알제리
리비아
이집트
서사하라
수단
예멘
모리타니
말리
니제르
차드
세네갈
기니
부르키나파소
나이지리아
시에라리온
코트디부아르
가나
라이베리아
카메룬
중앙아프리카
공화국
남수단
에티오피아
소말리아
아프리카
가봉
콩고
우간다
케냐
콩고
민주 공화국
탄자니아
말레이시아
싱가포르
브루나이
인도네시아
파푸아
뉴기니
앙골라
잠비아
모잠비크
짐바브웨
나미비아
보츠와나
마다가스카르
남아프리카
공화국
오스트레일리아

아프리카에 등장한 인류의 조상

1일차

　인류*는 언제부터 지구에 살았을까요? 인류의 조상이 지구에 살기 시작한 것은 기원전 약 390만 년 전이에요.

　처음 인류의 모습은 오늘날 우리의 모습과 많이 달랐어요. 키도 작고 뇌도 작았으며 유인원*에 가까웠지요. 하지만 인류의 조상이 동물과 가장 크게 다른 점은 바로 두 발로 서서 걷는 것이었어요.

　두 발로 걷는 최초의 인류를 '오스트랄로피테쿠스 아파렌시스'라고 불러요. 오스트랄로피테쿠스는 '남쪽의 원숭이'라는 뜻이에요. 이들의 화석*이 아프리카의 남쪽 지역에서 발견되어서 붙여진 이름이지요. 두 발로 걸어서 손이 자유로워진 이들은 돌을 깨뜨려 만든 간단한 도구를 사용했어요.

　인류가 조금씩 진화*해서 약 180만 년 전에는 '호모 에렉투스'가 나타났어요. 호모 에렉투스는 '똑바로 선 사람'이라는 뜻인데, 이들은 불을 사용해 음식을 익혀 먹고, 주먹도끼 같은 석기*를 사용했어요.

　약 20만 년 전에는 오늘날 우리 모습과 가장 비슷한 '호모 사피엔스'가 나타났어요. 호모 사피엔스는 '지혜로운 사람'이라는 뜻이지요. 이들은 창을 만들어 썼고, 동굴 벽화를 남겼어요.

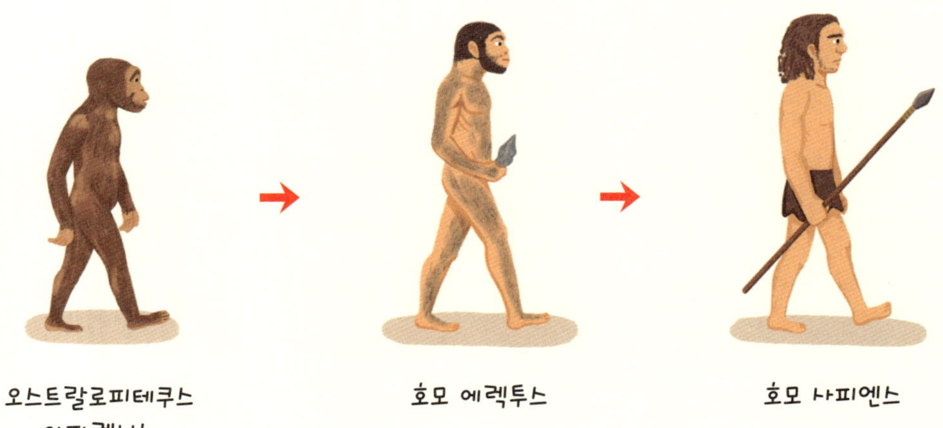

약 46억 년 전 · 약 390만 년 전 · 약 180만 년 전 · 약 20만 년 전

지구가 생겨남. · 오스트랄로피테쿠스 아파렌시스가 등장함. · 호모 에렉투스가 등장함. · 호모 사피엔스가 등장함.

읽은 것 확인하기

📅 읽은 날짜 :　　　월　　　일

1 최초의 인류는 무엇인지 알맞은 이름을 찾아 ◯ 하세요.

호모 사피엔스	호모 에렉투스	오스트랄로피테쿠스 아파렌시스

2 최초 인류의 화석은 어느 대륙에서 발견되었는지 쓰세요.

🖉 ____

3 인류의 이름에 대한 뜻으로 알맞은 것을 찾아 줄로 이으세요.

오스트랄로피테쿠스	•	•	지혜로운 사람
호모 에렉투스	•	•	남쪽의 원숭이
호모 사피엔스	•	•	똑바로 선 사람

4 오늘날 우리 모습과 가장 비슷한 인류는 누구인지 찾아 색칠하세요.

호모 사피엔스	호모 에렉투스	오스트랄로피테쿠스 아파렌시스

용어 풀이

- **인류** 사람을 다른 동물과 구별하여 이르는 말.
- **유인원** 긴팔원숭이, 고릴라, 오랑우탄과 같이 사람과 비슷하게 생긴 포유류.
- **화석** 아주 옛날에 살았던 생물의 뼈, 활동 흔적 등이 땅속에 묻힌 채 굳어져 지금까지 남아 있는 것.
- **진화** 생물이 생명을 가진 다음부터 조금씩 발전하 가는 현상.
- **석기** 돌로 만든 여러 가지 생활 도구.

2 일차 인류 최초의 문명, 메소포타미아 문명

인류 최초의 문명*이 발생한 곳은 오늘날의 이라크가 있는 메소포타미아 지역이에요. 이곳은 티그리스강과 유프라테스강 사이에 있어서 물이 풍부하고 땅이 기름져 농사짓기에 좋았지요. 그래서 점점 사람들이 모여들어 수많은 도시 국가*들이 생겨났어요.

메소포타미아 하류* 지역에 살았던 수메르 사람들은 인류 최초로 문명을 일으켰어요. 수메르 사람들은 홍수 때 강물이 넘치는 것을 막기 위해 둑을 쌓고 저수지를 만들었어요. 농사를 위한 여러 가지 농기구도 만들었지요.

"신이시여, 이 제물을 바치니 홍수가 나지 않게 해 주세요."

"올해는 농사가 잘되어 곡식을 많이 거두게 해 주세요."

신을 믿었던 수메르 사람들은 도시 한가운데에 '지구라트'라는 커다란 신전을 짓고, 신들에게 제사를 지냈어요.

수메르 사람들은 다른 지역의 사람들과 물건을 교환하는 무역을 했어요. 물건을 쉽게 옮기기 위하여 수레에 다는 바퀴를 발명했고, 물건을 교환한 내용을 기록하기 위해 쐐기 문자도 발명했지요. 또 달의 움직임을 관찰해 세계 최초로 태음력도 만들었어요.

▲ 지구라트

기원전 3500년경 — 메소포타미아 문명이 시작됨.

기원전 3000년경 — 이집트 문명이 시작됨.

기원전 2500년경 — 인도 문명, 중국 문명이 시작됨.

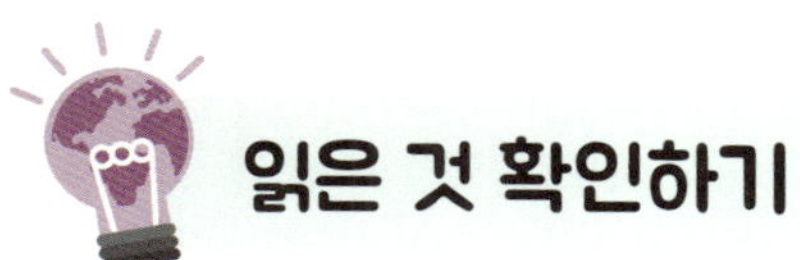 

읽은 것 확인하기

📅 읽은 날짜 :　　월　　일

1 인류 최초의 문명이 발생한 지역은 어디인지 찾아 ○ 하세요.

인도	메소포타미아	이집트

2 메소포타미아 지역에 대한 설명으로 <u>틀린</u> 것을 찾아 번호를 쓰세요.　　　　(　　　　)

① 티그리스강과 유프라테스강 사이에 있어요.

② 땅이 기름져 농사짓기에 좋아요.

③ 오늘날 이라크가 있는 지역이에요.

④ 비가 적게 와서 물이 부족한 지역이에요.

3 수메르 사람들에 대한 글을 읽고, 빈 곳에 들어갈 말을 〈보기〉에서 찾아 쓰세요.

보기
제사
지구라트

수메르 사람들은 ＿＿＿＿＿＿＿＿＿＿라는 신전을 짓

고, 신들에게 ＿＿＿＿＿＿＿＿＿를 지냈어요.

4 수메르 사람들이 발명한 것을 모두 찾아 ○ 하세요.

바퀴　　　　쐐기 문자　　　　태음력

종이　　　　나침반

🔍 **용어 풀이**

• **문명** 사람의 물질적, 기술적, 사회적 생활이 발전한 상태.

• **도시 국가** 그 자체가 하나의 국가인 도시.

• **하류** 강이나 내의 아래쪽 부분.

• **쐐기 문자** 진흙판 위에 뾰족한 갈대나 금속으로 새겨 쓴 쐐기 모양의 문자.

• **태음력** 달이 지구를 한 바퀴 도는 데 걸리는 시간을 기준으로 하여 날짜를 세는 달력.

나일강가에 꽃핀 이집트 문명

메소포타미아에서 문명이 생기고 얼마 지나지 않아 이집트에서도 문명이 발생했어요. 메소포타미아가 두 강이 흐르는 지역에 있어서 문명이 발달한 것처럼 이집트도 나일강이 있어서 문명이 꽃필 수 있었어요.

나일강은 해마다 주기적으로 강물이 넘쳐서 강 주변 지역이 물에 잠기곤 했어요. 이 지역은 강물에 실려 온 기름진 흙이 쌓이면서 농사가 아주 잘되었지요. 그로 인해 수많은 도시 국가가 생겨났고, 점차 합쳐지면서 기원전 3000년 무렵에는 통일 왕국이 세워졌어요.

통일된 이집트는 왕이 다스렸어요. 이집트 사람들은 왕을 파라오*라고 불렀는데, 파라오를 태양신의 아들이라고 믿으며 따랐어요.

"저 별자리가 나타난 것을 보니 곧 홍수가 나겠는걸."

이집트 사람들은 밤하늘의 별자리로, 비가 내려 나일강이 넘치는 시기를 예측했어요. 그리고 1년이 365일이라는 것도 알아내 태양력*을 만들었어요. 그런 과정에서 천문학*이 발달했지요. 또 피라미드를 만들면서 수학이 발달했어요. 이집트 사람들은 사물의 모양을 본떠 만든 그림 문자를 사용했어요. 글씨를 쓸 수 있는 '파피루스'라는 종이도 만들어 사용했지요.

▲ 파피루스에 그려진 고대 이집트 사람들

기원전 3500년경	기원전 3000년경	기원전 2500년경
메소포타미아 문명이 시작됨.	이집트 문명이 시작됨.	인도 문명, 중국 문명이 시작됨.

1 이집트 문명은 어디에서 발생했는지 찾아 ○ 하세요.

유프라테스강 유역	양쯔강 유역	나일강 유역

2 이집트 사람들은 왕을 무엇이라고 불렀는지 쓰세요.

✎ ____

3 이집트에 대한 글을 읽으면서 알맞은 말에 ○ 하세요.

이집트 사람들은 밤하늘의 (별자리 / 달)를(을) 관찰해 나일강이 넘치는 시기를 예측했어요. 그리고 1년이 365일이라는 것도 알아내 (태음력 / 태양력)을 만들었어요.

4 빈칸에 들어갈 알맞은 말을 찾아 줄로 이으세요.

밤하늘의 별자리를 관찰하면서 ＿＿＿이 발달했어요.	●	●	수학
피라미드를 만들면서 ＿＿＿이 발달했어요.	●	●	천문학

- **파라오** 고대 이집트의 왕을 가리키던 말로, 큰 집이라는 뜻이 있음.
- **태양력** 지구가 태양의 둘레를 한 바퀴 도는 데 걸리는 시간을 일 년으로 정해 날짜를 세는 달력.
- **천문학** 우주에 대한 것을 전문적으로 연구하는 학문.
- **파피루스** 나일강가에서 자라는 파피루스라는 풀의 줄기로 만든 종이.

4 일차 이집트 왕의 무덤, 피라미드

'이집트' 하면 무엇이 생각나나요? 아마도 피라미드가 생각날 거예요.

피라미드는 이집트 왕이나 왕족*의 무덤이에요. 이집트 사람들은 죽고 난 뒤 또 다른 세상이 있다고 믿었어요. 사람이 죽으면 육체는 죽지만 영혼은 죽지 않고 영원히 산다고 생각했어요. 그래서 죽은 사람의 영혼이 몸에 들어갈 수 있도록 시체를 썩지 않게 '미라*'로 만들었어요. 왕의 미라를 모신 곳이 바로 피라미드이지요.

이집트 사람들은 왕을 태양신의 아들로 생각했기 때문에 피라미드를 엄청나게 크게 만들었어요. 피라미드는 농민들과 기술자들이 농사일이 없을 때 돈을 받고 지었지요. 왕의 피라미드 앞에는 사람의 머리에 사자의 몸을 가진 스핑크스*를 세워 두기도 했어요. 왕의 권력을 나타내기 위해서였지요.

"나는 누구보다 위대한 왕이니 내 영혼이 살 집은 아주 크게 지어라."

오늘날 남아 있는 피라미드 중에서 가장 큰 것은 쿠푸왕*의 피라미드예요. 이 피라미드는 높이가 146미터나 되고, 약 200만 개의 큰 벽돌로 지어졌어요. 피라미드의 겉 부분을 만드는 데만 10만 명의 사람이 약 20년 동안이나 일했다고 하니 정말 어마어마하지요?

▲ 스핑크스와 피라미드

기원전 2611년경
이집트에서 처음 피라미드가 건설됨.

기원전 2560년경
쿠푸왕의 피라미드가 건설됨.

1 이집트 왕이나 왕족의 무덤을 무엇이라고 하는지 이름을 쓰세요.

2 이집트 사람들은 사람이 죽으면 어떻게 했는지 맞는 것을 고르세요. (　　　　)

① 시체를 태워 나일강에 뿌렸어요.

② 시체가 썩지 않도록 미라로 만들었어요.

③ 시체를 그대로 땅에 묻었어요.

3 피라미드에 대한 설명으로 맞으면 ○, 틀리면 × 하세요.

(1) 왕이나 왕족의 미라가 피라미드 안에 들어 있어요. (　　　　)

(2) 노예들이 돈을 받고 만든 것이에요. (　　　　)

(3) 왕의 피라미드는 엄청나게 크게 만들었어요. (　　　　)

(4) 쿠푸왕의 피라미드가 오늘날 남아 있는 피라미드 중 가장 커요. (　　　　)

4 왕의 피라미드 앞에 세운 것이 무엇인지 알맞은 글자를 모두 찾아 색칠하고 빈칸에 쓰세요.

용어풀이
- **왕족** 왕과 같은 집안인 사람.
- **미라** 썩지 않고 건조되어 원래 상태에 가까운 모습으로 남아 있는 사람이나 동물의 죽은 몸.
- **스핑크스** 고대 이집트와 아시리아 등에서 왕궁, 신전, 무덤 등의 입구에 세운 석상.
- **쿠푸왕** 기원전 26세기 무렵 이집트의 왕.

인더스강 유역에서 일어난 인도 문명

"잠깐만! 모래 밑에 무언가 파묻혀 있어요."

1920년대에 인도에 있는 인더스강 주변에서 아주 오래된 인장*이 발견되었어요. 인장은 도장과 비슷한 것인데, 발견된 인장에는 소나 유니콘* 같은 그림과 문자가 새겨져 있었지요.

고고학자*들은 모래를 파내어 모래 밑에 묻혀 있던 아주 오래된 옛날 도시의 흔적을 발견했어요. 그것은 인도 문명을 대표하는 '하라파'라는 도시의 유적*이었지요.

인도 문명은 세계 4대 문명*의 하나로, 인더스강 유역*에서 발생했어요. 기원전 2500년경 인도 사람들은 농사를 짓기 시작하면서 인더스강 유역에 모여 살았어요. 이때 여러 도시가 생겨났는데, 그중에서 대표적인 도시가 '하라파'와 '모헨조다로'예요.

이 도시들은 집과 건물들이 반듯반듯하게 지어졌고, 건물들 사이에는 도로가 곧게 뻗어 있었어요. 또 하수구 시설이 아주 잘 만들어져 있고, 커다란 목욕탕도 있었지요. 이처럼 인도 문명의 고대 도시들은 대부분 계획적으로 잘 지어져 있었어요.

▲ 모헨조다로 유적지

기원전 3500년경 · 메소포타미아 문명이 시작됨.

기원전 3000년경 · 이집트 문명이 시작됨.

기원전 2500년경 · 인도 문명, 중국 문명이 시작됨.

1 인더스강 주변에서 발견된 인장에 대한 글을 읽고, '맞아요'와 '틀려요' 중에서 알맞은 쪽에 색칠하세요.

• 소나 유니콘 같은 그림과 문자가 새겨져 있었어요.	맞아요 ┆ 틀려요
• 이집트 문명을 대표하는 도시의 인장이었어요.	맞아요 ┆ 틀려요

2 인더스강 유역에서 발생한 문명은 무엇인지 쓰세요.

____

3 인도 문명의 대표적인 도시를 모두 찾아 ○ 하세요.

모헨조다로	바빌론	하라파	아테네

4 인도 문명의 도시에 대한 설명으로 맞는 것을 모두 고르세요.　　　　　(　 , 　)

① 집과 건물들이 반듯반듯하게 지어졌어요.

② 하수구 시설이 없었어요.

③ 커다란 목욕탕이 있었어요.

④ 계획하지 않고 막 지어진 도시였어요.

• **인장** 일종의 도장으로, 재산이나 물건의 주인이 누구인지를 나타내는 것.

• **유니콘** 인도와 유럽의 전설에 나오는 이마에 한 개의 뿔이 달려 있고 말처럼 생긴 동물.

• **고고학자** 옛 유물과 유적으로 옛사람의 생활이나 문화 등을 연구하는 사람.

• **유적** 남아 있는 역사적인 자취.

• **세계 4대 문명** 메소포타미아 문명, 이집트 문명, 인도 문명, 중국 문명을 말함.

• **유역** 강물이 흐르는 주변.

6일차 황허강에서 시작된 중국 문명

중국에 있는 황허강을 알고 있나요? 황허강은 '누런 강'이라는 뜻이에요. 중국 문명은 바로 이 황허강 유역에서 시작되었어요.

황허강 유역은 땅이 기름져 농사가 잘되었어요. 그래서 많은 사람들이 모여 살았지요. 이들은 기원전 2500년경 황허강 주변에 크고 작은 도시를 많이 세웠어요. 그러다 기원전 1600년 무렵 상나라가 세워져 번성했어요.

상나라에서는 왕이 정치와 제사를 담당했어요. 또 나라의 중요한 일은 점*을 쳐서 결정했어요.

"전쟁을 언제 하는 것이 좋을지 점을 쳐야겠으니 거북 배딱지를 가져와라."

점을 칠 때는 갑골이라고 부르는 거북 배딱지와 동물 뼈를 이용했어요. 점을 쳐서 나온 결과는 갑골의 뒷면에 문자로 새겼는데, 이 문자가 '한자'의 기원이 되는 '갑골문'이에요. 상나라 사람들은 청동*으로 무기와 그릇을 만들어 썼어요.

기원전 1100년경에 주나라가 상나라를 무너뜨렸어요. 주나라는 양쯔강 하류까지 영역을 넓혔지요. 주나라 왕은 수도 주변의 땅만 직접 다스리고, 다른 땅은 친척이나 공*을 세운 신하들에게 다스리게 했어요.

▲ 갑골문

기원전 2500년경 — 중국 문명이 시작됨.
기원전 1600년경 — 상나라가 세워짐.
기원전 1100년경 — 주나라가 상나라를 멸망시킴.

1　중국 문명에 대한 글을 읽으면서 알맞은 말에 ○ 하세요.

> 중국 문명은 '누런 강'이라는 뜻의 (황허강 / 양쯔강) 유역에서 시작되었어요.

2　황허강 유역에 대한 글을 읽고, 빈 곳에 알맞은 말을 쓰세요.

> 황허강 유역은 땅이 기름져 ＿＿＿＿＿＿＿＿＿가 잘되었어요. 그래서 크고 작은 도시
>
> 들이 많이 세워졌지요. 기원전 1600년 무렵에는 ＿＿＿＿＿＿＿＿＿가 세워져 번성했
>
> 어요.

3　상나라에 대한 설명으로 <u>틀린</u> 것을 고르세요.　　　　　　　（　　　　　）

　① 황허강 유역에 세워졌어요.

　② 왕이 정치와 제사를 담당했어요.

　③ 돌로 무기를 만들었어요.

　④ 나라의 중요한 일을 결정할 때 점을 쳤어요.

4　상나라에서 점을 친 뒤 갑골의 뒷면에 새긴 문자의 이름을 쓰세요.

✎　＿＿＿＿＿＿＿＿＿＿＿＿＿＿＿＿＿＿＿＿＿＿＿＿＿＿＿＿＿

 용어풀이
- **점** 비과학적인 방법으로 과거의 일을 알아맞히거나 현재나 미래의 운 등을 미리 판단하는 일.
- **청동** 구리와 주석의 합금.
- **공** 어떤 일을 위해 바친 노력과 수고. 또는 그 결과

글을 읽고, 해당하는 낱말을 글자판에서 찾아 ◯로 묶으세요.
낱말은 가로, 세로로 찾을 수 있어요.

태	양	력	가	마	수
스	핑	크	스	이	메
인	무	석	기	집	르
장	덤	문	명	트	달
철	미	파	피	루	스
기	라	함	무	라	비

 돌로 만든 여러 가지 생활 도구를 말해요.

 메소포타미아 지역에서 인류 최초의 문명을 일으킨 민족이에요.

 지구가 태양의 둘레를 한 바퀴 도는 데 걸리는 시간을 일 년으로 정해 날짜를 세는 달력을 말해요.

 이집트 사람들이 나일강에서 자라는 풀의 줄기로 만든 종이예요.

 썩지 않고 건조되어 원래 상태에 가까운 모습으로 남아 있는 사람이나 동물의 죽은 몸을 말해요.

 인더스강 주변에서 발견된 것으로, 소나 유니콘 같은 그림과 문자가 새겨져 있던 것이에요.

왜 최초의 인류 화석을 루시라고 부를까?

인류 최초의 조상인 오스트랄로피테쿠스 아파렌시스의 화석은 일명 '루시'라고 불려. 루시는 1974년 에티오피아 아파르 계곡에서 발견됐지. 루시는 약 320만 년 전에 살았던 25세의 여성으로, 키는 약 107센티미터이고, 몸무게는 28킬로그램이었을 것으로 추측됐어. 루시 화석이 발굴된 날 밤에 탐험 조사단원들은 비틀스의 노래 '다이아몬드와 함께 있는 하늘의 루시(Lucy in the sky with diamond)'를 들었는데, 이 노래의 제목에서 이름을 따와서 화석에 '루시'라는 이름을 붙였어. 만약 조사단원들이 우리나라 노래를 들었다면 화석에 우리나라의 이름을 붙였겠지?

루시 ▶

도굴꾼들에게 발견되지 않은 투탕카멘 무덤의 비밀은?

1922년 영국인 고고학자 하워드 카터는 이집트 룩소르 서쪽 지역의 '왕가의 계곡'에서 한 무덤을 발견했어. 그 무덤은 이집트의 파라오, 투탕카멘의 무덤이었어. 이 무덤에서는 황금 관과 황금 가면 등 5,800여 점의 유물이 나왔어. 이집트 왕들의 무덤은 대부분 도굴꾼들에게 도굴되었는데, 투탕카멘의 무덤은 도굴되지 않았던 거야. 투탕카멘은 아홉 살에 왕위에 올라 열여덟 살에 병으로 죽었어. 너무 일찍 죽어서 자신의 무덤을 미리 만들지 못했지. 결국 투탕카멘의 시신은 왕가의 계곡에서 가장 구석진 곳에 묻혔어. 그래서 도굴꾼들의 눈에 띄지 않았던 거야.

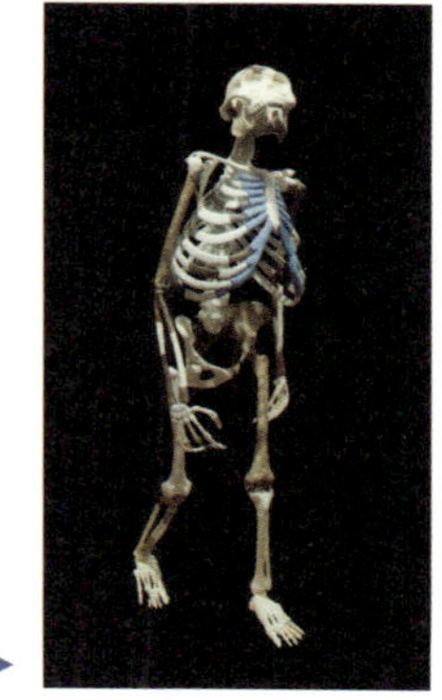

◀ 투탕카멘의 황금 가면

7 일차 — 아메리카 대륙의 고대 문명

아메리카 대륙의 고대 문명은 세계 4대 문명보다 조금 늦게 발생했어요. 아메리카 대륙은 다른 대륙보다 사람이 늦게 살기 시작했고, 농사짓기에 적당한 땅도 많지 않았기 때문이지요.

아메리카 최초의 문명은 기원전 1500년 무렵 멕시코 동쪽의 해안 지역에서 발생한 올메카 문명이에요. 올메카 문명은 신전이 있는 산로렌소를 중심으로 발달했어요. 올메카 사람들은 평야 지대에서 농사를 지었고, 멀리 떨어진 지역에 사는 사람들과 물건을 교환하며 살았어요. 또 재규어를 숭배했으며, 높이가 2미터나 되는 인두상*을 만들었어요.

기원전 900년 무렵 페루 북부 안데스산맥의 고원* 지대에서는 '차빈 문명'이 발생했어요. 차빈 사람들은 산비탈의 땅을 계단처럼 만들고, 산에서 내려오는 계곡물을 이용해 농사를 지었어요. 그들은 화강암과 석회암을 쌓아 신전을 짓고, 아름다운 공예품을 만들었어요. 또 아마존강 유역, 태평양 유역의 사람들과 물건을 서로 사고팔았어요.

이 밖에도 아메리카 대륙에는 사포테카 문명*, 나스카 문명*, 모체 문명* 등의 고대 문명이 발생했어요.

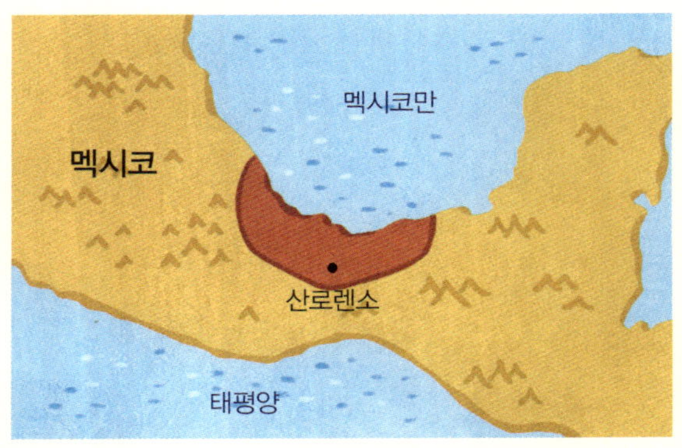

▲ 올메카 문명의 영역

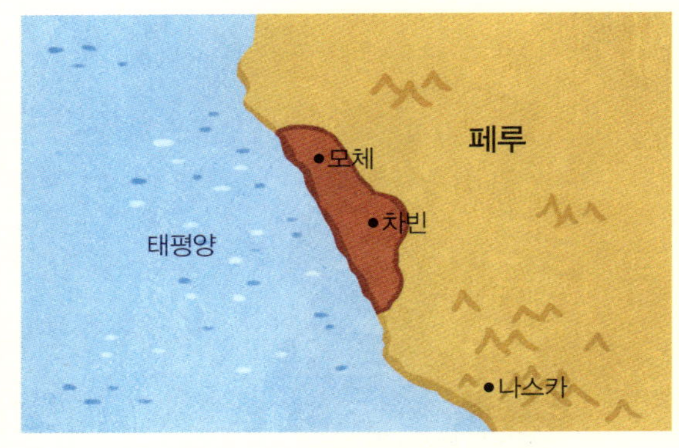

▲ 차빈 문명의 영역

기원전 1500년경	기원전 900년경	기원전 500년경	기원전 100년경
올메카 문명이 시작됨.	차빈 문명이 시작됨.	사포테카 문명이 시작됨.	나스카 문명, 모체 문명이 시작됨.

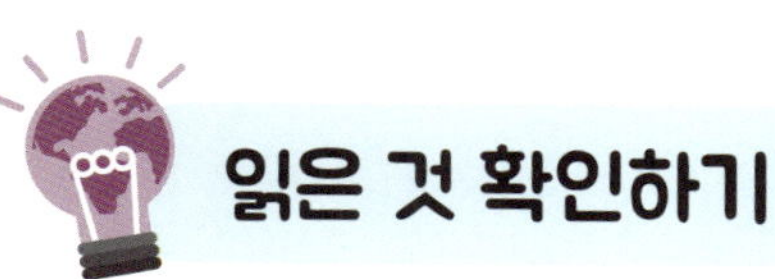 

읽은 것 확인하기

1 아메리카 대륙에서 고대 문명이 늦게 발생한 이유를 모두 고르세요.　　　(　　,　　)

① 다른 대륙보다 사람이 늦게 살았기 때문이에요.

② 다른 대륙보다 날씨가 추웠기 때문이에요.

③ 농사짓기에 적당한 땅이 많지 않았기 때문이에요.

④ 문자가 없었기 때문이에요.

2 아메리카 대륙의 고대 문명에 대한 글을 읽고, 빈 곳에 알맞은 말을 쓰세요.

> 멕시코 동쪽의 해안 지역에서는 ________________ 문명이 생겨났어요. 그리고 페루
>
> 안데스산맥의 고원 지대에서는 ________________ 문명이 생겨났어요.

3 차빈 문명에 대한 설명으로 맞으면 ○, 틀리면 ✕ 하세요.

(1) 산비탈의 땅을 계단처럼 만들어 농사를 지었어요.　　　　　　(　　　　)

(2) 다른 지역 사람들에게는 물건을 팔지 않았어요.　　　　　　(　　　　)

(3) 화강암과 석회암을 쌓아 신전을 지었어요.　　　　　　(　　　　)

4 아메리카 대륙에서 발생한 고대 문명이 아닌 것을 찾아 ○ 하세요.

사포테카 문명	아마존 문명
나스카 문명	모체 문명

용어풀이

- **인두상** 돌로 만든 사람 머리 조각상. 높이는 2미터 정도이고 무게는 25톤이 넘음.
- **고원** 높은 데에 있는 넓은 벌판.
- **사포테카 문명** 멕시코 남부의 고원 지대인 오아하카 계곡에서 발달한 문명.
- **나스카 문명** 태평양 해안 지역의 나스카 계곡에서 발달한 문명.
- **모체 문명** 태평양 해안 지역의 모체강 유역에서 발달한 문명.

8 일차 눈에는 눈, 이에는 이! 함무라비 법전

"195조, 아들이 아버지를 때리면 아들의 두 손을 자른다."

"196조, 귀족이 귀족의 눈을 멀게 하면 그의 눈도 멀게 한다."

"205조, 노예가 귀족의 뺨을 때리면 노예의 귀를 자른다."

조금 무시무시하지요? 죄지은 사람을 이 글대로 처벌한다면 정말 무서울 거예요. 그런데 바빌로니아 왕국에서는 실제로 이런 일들이 있었어요.

바빌로니아 왕국은 기원전 18세기에 메소포타미아 전 지역을 통일한 나라예요. 제6대 왕인 함무라비왕*은 여러 도시 국가의 법을 합쳐서 새로운 법을 만들었어요. 이것이 '함무라비 법전*'이지요. 위 글은 바로 함무라비 법전의 내용이에요.

함무라비왕은 2미터 정도의 돌기둥에 법전의 내용을 문자로 새겨서 모든 사람이 볼 수 있게 했어요. 그리고 죄지은 사람은 누구나 이 법에 따라 처벌받게 했지요.

함무라비 법은 "눈에는 눈, 이에는 이."라는 말처럼 죄를 지은 사람에게 보복*할 수 있게 했어요. 하지만 같은 죄를 지어도 신분이 낮은 사람이 높은 사람보다 더 큰 처벌을 받았답니다. 참 불공평하지요?

함무라비 법전비 ▶

기원전 1895년 — 바빌로니아 왕국이 세워짐.

기원전 1750년경 — 함무라비 법전을 만듦.

기원전 1595년 — 바빌로니아 왕국이 멸망함.

1　함무라비 법전을 만든 사람은 누구인지 쓰세요.

2　바빌로니아 왕국에 대한 글을 읽으면서 알맞은 말에 ○ 하세요.

> 바빌로니아 왕국은 기원전 18세기에 (메소포타미아 / 그리스) 전 지역을 통일한 나라예요.

3　함무라비 법전에 대한 설명으로 맞으면 ○, 틀리면 × 하세요.

(1) 바빌로니아 왕국의 법전이에요.　　　　　　　　　　　　　　(　　　)

(2) 법전 내용을 파피루스에 적어 두었어요.　　　　　　　　　　(　　　)

(3) 죄를 지은 사람에게 보복할 수 있는 내용이 담겨 있어요.　　(　　　)

(4) 신분에 상관없이 누구나 똑같은 처벌을 받게 했어요.　　　　(　　　)

4　함무라비왕에 대한 글을 읽고, 빈 곳에 알맞은 말을 쓰세요.

> ＿＿＿＿＿＿＿＿＿＿ 왕국의 함무라비왕은 ＿＿＿＿＿＿＿＿＿＿＿＿ 을
> 만들어 죄지은 사람은 누구나 이 법에 따라 처벌받게 했어요.

- **함무라비왕** 바빌로니아의 전성기를 이룬 왕으로. 메소포타미아 지역을 통일하여 대제국을 세움.
- **법전** 국가가 정한 여러 법과 규정들을 체계적으로 정리하여 모아 놓은 것.
- **보복** 남에게 해를 입은 것에 대한 되갚음으로 상대방에게도 그만큼의 해를 입힘.

9일차 알파벳의 기원이 된 페니키아 문자

오늘날 세계적으로 널리 쓰이는 문자인 영어 알파벳의 뿌리를 찾아 과거로 거슬러 가다 보면 기원전 1200년 무렵 지중해*에서 해상 무역*으로 이름을 떨친 페니키아라는 나라를 만날 수 있어요.

페니키아는 지중해 동쪽 해안 지역에 있던 도시 국가예요. 페니키아 사람들은 배를 잘 다뤄 배에 물건을 싣고 지중해 지역을 돌아다니며 장사를 했어요. 기원전 1200년경에는 해상 무역으로 지중해 전체를 장악*하고, 아프리카 서해안과 영국까지도 진출했지요. 페니키아에서 나는 삼나무 목재와 자주색 옷감, 유리 공예품은 다른 나라 사람들에게 인기가 아주 많았어요.

페니키아 상인들에게는 물건의 종류나 수량 등을 기록하기 위해 문자가 필요했어요. 당시 페니키아에서는 수메르의 쐐기 문자를 사용했어요. 하지만 문자를 배우고 쓰는 데 어려움을 겪었어요. 그래서 페니키아 사람들은 스물두 개의 새로운 문자를 만들어 사용했어요.

페니키아 문자는 그리스에 전해졌고, 그리스 사람들은 이 문자를 바꾸어 그리스 문자를 만들었어요. 또 그리스 문자는 다시 로마에 전해져 로마 문자를 만드는 데 큰 영향을 주었고, 로마 문자는 오늘날 영어 알파벳이 되었어요.

| 페니키아 문자 | 그리스 문자 | 영어 알파벳 |

기원전 3000년경 — 페니키아인이 지중해 해안에 정착함.

기원전 1200년경 — 페니키아가 전성기를 누림.

기원전 350년경 — 페니키아가 그리스의 지배를 받음.

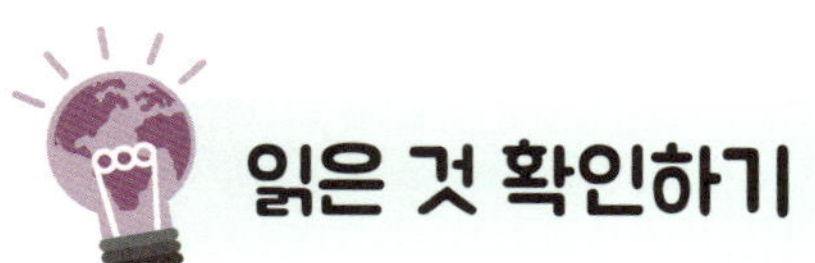

읽은 것 확인하기

1 페니키아에 대해 바르게 말한 아이를 모두 찾아 이름에 ○ 하세요.

> **재훈**　지중해 동쪽 해안 지역에 있던 도시 국가야.
>
> **유리**　지중해에서만 장사를 했어.
>
> **한결**　한때 해상 무역으로 지중해 전체를 장악했어.
>
> **세연**　삼나무 목재와 자주색 옷감을 다른 나라에서 사들였어.

2 페니키아 사람들이 쐐기 문자를 사용하지 <u>않은</u> 이유를 찾아 ○ 하세요.

수메르 사람들에게 돈을 내야 했기 때문에	쐐기 문자의 존재를 몰랐기 때문에	배우고 쓰기가 어려웠기 때문에

3 페니키아 상인들이 만든 문자는 모두 몇 개인지 쓰세요.

개

4 영어 알파벳의 기원에 대한 글을 읽고, 빈 곳에 알맞은 말을 쓰세요.

________________ 사람들이 만든 문자가 그리스로 전해져 ________________

문자로 바뀌었고, 그 문자가 로마에 전해져 오늘날 영어의 알파벳이 되었어요.

용어 풀이

- **지중해** 유럽, 아시아, 아프리카 세 대륙에 둘러싸인 바다.
- **해상 무역** 거래 물품을 배로 운반하여 물건을 사고팔거나 교환하는 일.
- **장악** 무엇이든 마음대로 할 수 있게 휘어잡음.

10 일차 인도의 엄격한 신분 제도, 카스트제

옛날 인도에는 '카스트제'라는 신분 제도가 있었어요. 이 제도는 기원전 1500년 무렵 중앙아시아에서 인도로 이주한 아리아인이 만들었지요. 아리아인은 인도 문명을 파괴하고, 그곳에 살던 인도 원주민들을 손쉽게 다스리기 위해 카스트제를 만들었어요.

카스트제에서는 사람들의 신분을 네 가지로 구분했어요. 가장 높은 신분인 '브라만'은 신에게 제사를 지내는 일을 했고, 그 아래 신분인 '크샤트리아'는 정치와 군사에 관한 일을 했어요. 크샤트리아 아래 신분인 '바이샤'는 농사를 짓거나 장사를 했고, 맨 아래 신분인 '수드라'는 노예 생활을 했어요. 수드라는 대부분 인도 원주민들이었지요.

"신분이 다른 사람끼리는 절대 결혼할 수 없다."

"신분이 다른 사람과는 함께 밥을 먹지 마라. 이야기도 하지 마라."

고대 인도에서는 신분이 다른 사람끼리는 절대 어울리지 않았고, 신분에 따라 직업도 정해져 있었어요.

카스트제는 옛날에는 엄격하게 지켜졌지만 오늘날에는 인도에서 법으로 금지하고 있어요. 하지만 실제 생활에서는 여전히 차별이 남아 있어요.

기원전 1500년경

아리아인이 인도로 이주함.

읽은 것 확인하기

읽은 날짜 :　　　월　　　일

1 카스트제를 만든 사람들은 누구인지 찾아 ○ 하세요.

아리아인	이집트인	인도 원주민

2 카스트제에서 가장 높은 신분부터 차례대로 번호를 쓰세요.

브라만	☐		수드라	☐
바이샤	☐		크샤트리아	☐

3 카스트제에서 각 신분의 사람들은 어떤 일을 했는지 알맞은 것을 찾아 줄로 이으세요.

브라만	•	•	농사짓거나 장사하는 일
크샤트리아	•	•	노예 생활
바이샤	•	•	정치와 군사에 관한 일
수드라	•	•	신에게 제사 지내는 일

4 카스트제에 대한 설명으로 맞으면 ○, 틀리면 ✕ 하세요.

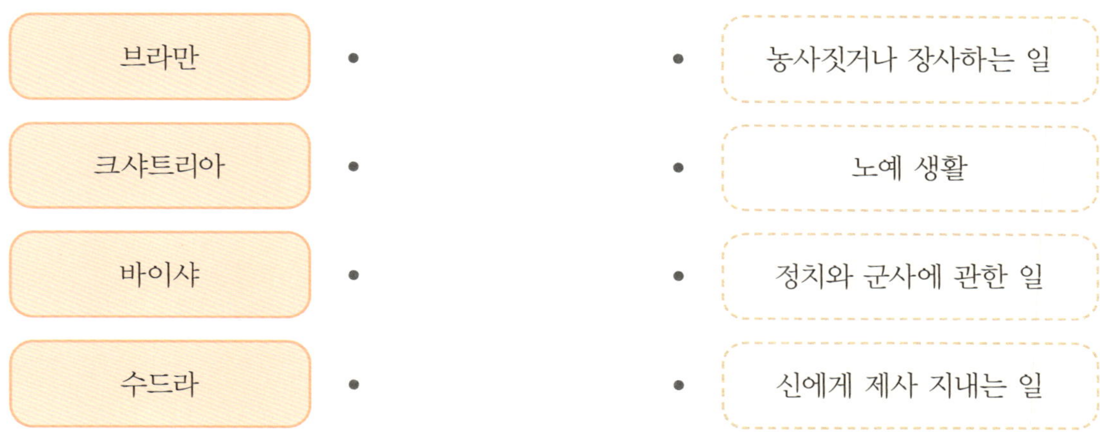

(1) 인도 원주민들은 모두 바이샤 신분이었어요.　　　　　　　(　　　　)

(2) 신분이 다른 사람끼리는 결혼할 수 없었어요.　　　　　　　(　　　　)

(3) 신분에 따라 직업이 정해져 있었어요.　　　　　　　　　　(　　　　)

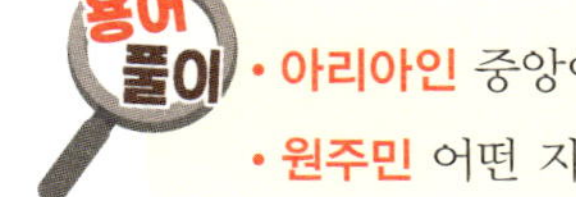
용어
풀이

- **아리아인** 중앙아시아의 초원에서 생활하다가 기원전 1500년경 인도나 이란으로 이주한 민족.
- **원주민** 어떤 지역에 원래부터 살고 있는 사람들.

글을 읽고, 해당하는 낱말을 글자판에서 찾아 ◯로 묶으세요.
낱말은 가로, 세로로 찾을 수 있어요.

인	인	더	스	재	바
두	사	지	뽜	규	이
상	포	중	기	어	샤
신	테	해	브	라	만
분	카	중	국	인	도
안	데	스	산	맥	강

 올메카 사람들이 숭배하던 동물이에요.

 올메카 사람들이 만든 사람 머리 조각상으로, 높이가 2미터가 넘어요.

 차빈 문명이 발생한 산맥이에요.

 유럽, 아시아, 아프리카 세 대륙에 둘러싸인 바다로, 페니키아 상인들이 장사를 했던 곳이에요.

 카스트제가 있던 나라예요.

 카스트제에서 가장 높은 신분이에요.

페니키아라는 이름은 어디서 유래했을까?

페니키아는 자주색이라는 뜻의 그리스어에서 유래했어. 자주색 염료로 물들인 옷감이 페니키아의 대표적인 상품이었기 때문에 이런 이름이 붙었지. 당시 다른 지역에서는 자주색 염료가 나지 않았어. 오직 페니키아의 지중해 연안에서 잡히는 소라고둥에서만 염료를 얻을 수 있었어. 그런데 소라고둥 한 개에서 나오는 염료의 양이 한 방울 정도밖에 되지 않아서 자주색 염료는 매우 귀했지. 그러다 보니 이 염료로 물들인 자주색 옷감은 값이 아주 비쌌어. 그래서 높은 신분의 사람들만 자주색 옷을 입었다고 해.

하늘에서만 보이는 그림이 있다고?

1939년에 비행기를 타고 가던 사람이 페루의 나스카 평원 위를 지나다가 땅에 그려진 거대한 그림을 발견했어. 이 그림이 얼마나 큰지 땅에서는 그곳에 그림이 있다는 것조차 알 수 없을 정도였지. 그림 크기는 수백 미터나 된다고 해. 나스카 평원에는 벌새, 거미, 원숭이 등 800여 개의 그림이 그려져 있어. 이 그림들은 기원전 100년 무렵부터 기원후 800년 무렵까지 페루 남부 해안에서 번영한 나스카 문명의 흔적이야. 나스카 사람들이 왜 이 그림을 그렸는지는 밝혀지지 않았어. 하지만 이 그림들이 나스카 문명을 세상에 널리 알리는 역할을 했지.

◀ 나스카 평원의 원숭이 그림

서아시아를 통일한 페르시아 제국

기원전 6세기에 메소포타미아 문명이 일어났던 서아시아* 지역에 페르시아라는 나라가 세워졌어요. 페르시아를 세운 키루스 2세는 리디아와 신바빌로니아, 중앙아시아를 정복해 페르시아 제국*을 건설했어요. 키루스 2세는 정복한 민족을 힘으로 다스리지 않았어요. 그들의 풍습과 종교를 인정해 주고 너그럽게 다스렸지요.

페르시아 제국은 다리우스 1세 때 전성기를 이루었어요. 다리우스 1세는 불을 숭배하는 조로아스터교*를 받아들이고, 왕권을 강화했어요. 또 페르시아의 영토를 인더스강 유역과 이집트까지 넓혔어요.

다리우스 1세는 넓은 영토를 다스리기 위해 제국을 여러 지역으로 나누고, 각 지역마다 믿을 만한 친척이나 신하를 보내 다스리게 했어요. 그리고 '왕의 귀', '왕의 눈'이라고 불리는 감찰관을 보내 그들을 감시했어요. 또 왕의 명령이 각 지역에 잘 전달될 수 있도록 '왕의 길'이라는 도로를 만들었어요.

영토를 넓혀 가던 페르시아는 그리스를 정복하기 위해 전쟁을 벌였어요. 하지만 10년 동안 계속된 전쟁에서 페르시아는 결국 지고 말았어요. 이 전쟁을 '페르시아 전쟁'이라고 해요.

▲ 페르시아 제국의 최대 영역

기원전 559년
아케메네스 왕조 페르시아가 세워짐.

기원전 522년
다리우스 1세가 왕이 됨.

기원전 330년
아케메네스 왕조 페르시아가 멸망함.

읽은 것 확인하기

1　키루스 2세가 정복한 지역이 <u>아닌</u> 곳을 찾아 ○ 하세요.

리디아	그리스	신바빌로니아	중앙아시아

2　다리우스 1세가 받아들인 종교로, 불을 숭배하는 종교는 무엇인지 쓰세요.

3　다리우스 1세에 대해 바르게 말한 아이를 모두 찾아 이름에 ○ 하세요.

지연	서아시아 지역에 페르시아를 세웠어.
준우	페르시아의 영토를 인더스강 유역과 이집트까지 넓혔어.
채원	넓은 영토를 혼자서 다스렸어.
시윤	'왕의 길'이라는 도로를 만들었어.

4　페르시아 전쟁에서 페르시아와 싸운 나라를 찾아 색칠하세요.

이집트	인도	그리스

용어풀이
- **서아시아** 아시아의 서남부 지역. 아라비아반도를 포함한, 동쪽의 아프가니스탄에서 서쪽 터키까지의 지역을 이르는 말.
- **제국** 황제가 다스리는 나라.
- **조로아스터교** 페르시아의 예언자인 조로아스터가 창시한 종교로, 아후라 마즈다를 믿음.

12일차 하나라고 생각한 그리스의 도시 국가들

고대 그리스에는 '폴리스'라고 부르는 작은 도시 국가가 200여 개나 있었어요. 폴리스에는 수천 명에서 수만 명의 사람들이 모여 살았지요.

폴리스들 사이에서는 세력을 키우기 위한 크고 작은 전쟁이 일어나기도 했어요. 하지만 그리스 사람들은 비록 다른 폴리스에 살아도 같은 그리스어를 쓰고, 같은 신을 믿었기 때문에 하나의 공동체*라고 생각했어요. 그래서 4년마다 한 번씩 모여 올림피아의 제우스* 신전에서 함께 제사를 지내고, 운동 경기를 했어요. 4년마다 한 번씩 운동 경기를 하는 것은 오늘날의 올림픽과 비슷하지요? 바로 이 운동 경기가 오늘날 올림픽의 기원이 되었어요.

그리스의 폴리스들은 제사만 함께 지낸 것이 아니었어요. 페르시아가 쳐들어왔을 때는 아테네를 중심으로 폴리스들이 힘을 합쳐 싸우기도 했지요.

폴리스들 중에서 세력이 강했던 아테네에서는 민주 정치*가 발달했어요. 나라의 중요한 일을 시민들이 모여 투표를 통해 결정했지요. 18세 이상의 성인 남자라면 귀족이든 평민이든 누구나 참여할 수 있었어요. 하지만 여자와 노예, 외국인은 정치에 참여하지 못했지요.

▲ 파르테논 신전이 보이는 아테네 유적지

기원전 800년경
그리스의 도시 국가들이 생겨남.

기원전 492년
그리스와 페르시아가 전쟁을 시작함.

읽은 것 확인하기

1 고대 그리스의 도시 국가를 무엇이라고 불렀는지 쓰세요.

✎ ____

2 고대 그리스의 운동 경기에 대한 글을 읽으면서 알맞은 말에 ○ 하세요.

> 그리스의 폴리스들은 (2 / 4)년마다 한 번씩 도여 제사를 지내고 운동 경기를 했어요.
> 이 운동 경기는 (올림픽 / 월드컵)의 기원이 되었어요.

3 아테네에 대한 글을 읽고, 빈 곳에 알맞은 말을 쓰세요.

> 그리스의 폴리스들 중에서 세력이 강했던 _________________에서는 나라의 중요
> 한 일을 투표로 결정하는 _________________가 발달했어요.

4 아테네에 대한 설명으로 맞으면 ○, 틀리면 ✕ 하세요.

(1) 나라의 중요한 일을 시민들이 모여 투표로 결정했어요.　　　　　　(　　　　　)

(2) 18세 이상의 성인 남자 중 귀족만 회의에 참여했어요.　　　　　　(　　　　　)

(3) 여자와 노예, 외국인은 정치에 참여하지 못했어요.　　　　　　　(　　　　　)

용어 풀이

- **공동체** 생활이나 행동 또는 목적 따위를 같이하는 집단.
- **올림피아** 그리스 펠로폰네소스반도 서북부에 있던 고대 도시로, 고대 그리스 시대에 이곳에서 제우스 신에게 제사를 지냄.
- **제우스** 그리스 신화에 나오는 최고의 신.
- **민주 정치** 민주주의를 바탕으로 하는 정치. 국민의 의사에 따라 정치를 해 나감.

13 일차 가장 강한 군대를 가진 폴리스, 스파르타

"이 아이는 약해서 훌륭한 전사*가 될 수 없겠군. 당장 산에 갖다 버려라."

전사가 될 수 없다고 어린아이를 산에 버리다니, 정말 끔찍한 일이지요? 이 일은 실제로 스파르타*라는 폴리스에서 일어난 일이었어요. 스파르타는 고대 그리스에서 가장 강한 군대를 가진 폴리스였어요. 스파르타의 시민들 중에 남자들은 모두 군인이었지요.

스파르타에서는 연약한 남자아이들은 산에 버려지고, 건강한 남자아이들은 일곱 살이 되면 가족을 떠나 훈련소로 들어갔어요. 그곳에서 매일 알몸에 맨발로 혹독한 훈련을 받았지요. 스무 살이 되면 군대에 들어가 10년 동안 군인 생활을 했어요. 그리고 노인이 되어서도 군사 훈련을 받았어요.

여자아이들은 건강한 남자아이를 낳을 수 있도록 몸과 마음을 단련했지요.

'스파르타식 교육'이라는 말을 들어 보았나요? 군대처럼 매우 엄격하고 규칙적인 교육 방법을 이르는 말이에요. 바로 스파르타의 군사 교육에서 따온 말이지요.

기원전 1100년경
스파르타가 세워짐.

기원전 431년~기원전 404년
아테네와 스파르타가 전쟁을 함.

1 고대 그리스에서 가장 강한 군대를 가진 폴리스의 이름을 쓰세요.

____

2 스파르타에서 건강한 남자아이들은 몇 살에 훈련소로 들어갔는지 찾아 ○ 하세요.

일곱 살	열 살	열다섯 살

3 스파르타에 대한 설명으로 맞는 것을 모두 고르세요.　　　　(　　, 　　)

① 전사가 될 수 없는 연약한 남자아이는 산에다 버렸어요.

② 스무 살 이상의 남자와 여자는 모두 군대에 갔어요.

③ 남자들은 노인이 되면 군사 훈련을 받지 않았어요.

④ 여자아이들은 건강한 남자아이를 낳기 위해 몸과 마음을 단련했어요.

4 교육 방법에 대한 글을 읽고, 빈 곳에 알맞은 말을 쓰세요.

> 스파르타의 군사 교육에서 따온 말로, 군대처럼 매우 엄격하고 규칙적인 교육 방법을
> _________________________ 이라고 해요.

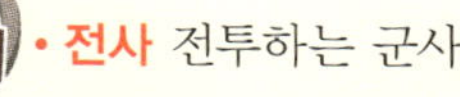

- **전사** 전투하는 군사.
- **스파르타** 고대 그리스의 도리아인이 펠로폰네소스반도 중부에 세운 도시 국가. 기원전 5세기에 펠로폰네소스 전쟁에서 아테네를 무찌름.
- **단련** 몸과 마음을 강하고 튼튼하게 함.

14 일차 그리스의 철학을 이끈 철학자들

"너 자신을 알라!"

이 말을 들어 본 적이 있나요? 이 말은 소크라테스가 한 말이에요.

소크라테스는 고대 그리스의 철학자로, 철학*의 발전을 이끈 대표적인 사람이에요. 그는 거리에서 사람들과 철학적 대화를 나누는 것을 좋아했어요. 소크라테스는 대화할 때 계속 질문을 던져 상대방이 스스로 틀렸다는 것을 인정하고, 진리를 깨우치게 했지요. 그래서 많은 젊은이가 그를 따랐어요.

하지만 소크라테스는 아테네의 신을 믿지 않고, 젊은이들을 나쁜 길로 이끈다는 이유로 사형 선고를 받았어요. 그는 "악법도 법이다."라는 말을 남기며 독약을 받아 마시고 죽었지요.

소크라테스의 제자 중에서 가장 뛰어난 제자는 플라톤이었어요. 그는 철학자가 다스리는 나라를 꿈꿨지요. 플라톤은 오늘날의 대학과 비슷한 교육 기관을 만들어 제자를 기르는 데 힘썼어요.

플라톤의 제자인 아리스토텔레스도 그리스의 철학을 발전시켰어요. 그는 '인간은 사회적 동물'이라고 가르쳤으며, 경험을 바탕으로 한 현실을 중요시했어요. 아리스토텔레스는 알렉산드로스*의 스승이 되기도 했지요.

기원전 469년
소크라테스가 태어남.

기원전 427년
플라톤이 태어남.

기원전 384년
아리스토텔레스가 태어남.

읽은 것 확인하기

📅 읽은 날짜 :　　　월　　　일

14 일차

1 소크라테스에 대한 글을 읽으면서 알맞은 말에 ○ 하세요.

> 소크라테스는 그리스의 (수학 / 철학)을 발전시킨 사람이에요. "너 (자신 / 가족)
> 을 알라!"라는 유명한 말을 했지요.

2 소크라테스가 사형 선고를 받은 이유를 모두 고르세요.　　　　　(　　 , 　　)

① 다른 철학자들을 무시했기 때문이에요.

② 아테네의 신을 믿지 않았기 때문이에요.

③ 아테네의 법이 나쁜 법이라고 외쳤기 때문이에요.

④ 젊은이들을 나쁜 길로 이끈다고 여겨졌기 때문이에요.

3 소크라테스의 제자로, 교육 기관을 만들어 제자들을 기르는 데 힘쓴 사람은 누구인지 쓰세요.

✏️

____

4 플라톤의 제자이며, 인간은 사회적 동물이라고 가르친 사람을 찾아 ○ 하세요.

아르키메데스	아리스토텔레스	호메로스

- **철학** 세계와 인간에 대한 근본 원리를 탐구하는 학문.
- **알렉산드로스** 마케도니아의 왕으로, 그리스, 페르시아, 인도에 이르는 대제국을 건설함.

15일차 세계 제국을 꿈꾼 알렉산드로스

그리스 북쪽에는 마케도니아라는 나라가 있었어요. 마케도니아의 왕 알렉산드로스는 그 이전에는 누구도 이루지 못했던 이집트, 그리스, 페르시아, 인도에 이르는 대제국을 이루었어요.

알렉산드로스는 그리스를 정복한 아버지, 필리포스 2세의 뒤를 이어 스무 살에 왕위에 올랐어요. 그는 페르시아를 정복하기 위해 군대를 이끌고 원정*에 나섰어요. 알렉산드로스 군대는 이소스 평원에서 그들의 군대보다 5배나 많은 페르시아 군대와 싸워 이겼어요.

알렉산드로스 군대는 계속 나아가 페르시아가 점령하고 있던 소아시아*와 이집트를 차지했어요. 군대를 정비한 알렉산드로스는 동쪽 페르시아를 정복하러 떠났어요. 그는 페르시아의 도시들을 차례로 점령하고 페르시아를 멸망시켰지요. 알렉산드로스는 계속해서 인도의 인더스강까지 나아갔어요. 하지만 오랜 전쟁으로 부하들이 지쳐 있었고, 인도의 더위와 전염병 때문에 중간에 인도 원정을 포기해야 했지요.

세계 정복을 꿈꾸며 영토를 넓혀 가던 알렉산드로스는 병에 걸려 서른세 살의 나이로 세상을 떠났어요.

▲ 알렉산드로스 제국의 최대 영역

기원전 336년 · 알렉산드로스가 왕이 됨.
기원전 334년 · 알렉산드로스가 동방 원정에 나섬.
기원전 323년 · 알렉산드로스가 죽음.

1 알렉산드로스는 어느 나라의 왕인지 쓰세요.

✏️ ____

2 알렉산드로스가 차지한 땅이 <u>아닌</u> 곳을 찾아 ○ 하세요.

이집트		그리스
	중국	페르시아

3 알렉산드로스에 대한 글을 읽고, '맞아요'와 '틀려요' 중에서 알맞은 쪽에 색칠하세요.

	맞아요	틀려요
• 스무 살에 왕위에 올랐어요.	맞아요	틀려요
• 이소스 평원에서 페르시아 군대와 싸워 이겼어요.	맞아요	틀려요
• 인도를 정복한 뒤에 죽었어요.	맞아요	틀려요

4 알렉산드로스가 인도 원정을 포기한 이유로 틀린 것을 고르세요. 　　　(　　　　　)

① 부하들이 오랜 전쟁으로 지쳐 있었기 때문이에요.

② 인도가 너무 더웠기 때문이에요.

③ 페르시아에서 반란이 일어났기 때문이에요.

④ 인도에 전염병이 돌았기 때문이에요.

용어풀이
• **원정** 먼 곳으로 전쟁을 하러 나감.
• **소아시아** 아시아의 서쪽 끝에 있는 흑해, 에게해, 지중해에 둘러싸인 반도. 아시아와 유럽을 잇는 중요한 통로였음.

16 일차 그리스 문화와 동방 문화의 만남, 헬레니즘 문화

알렉산드로스의 원정은 그리스 문화와 동방*의 문화가 만나는 계기를 만들었어요. 알렉산드로스는 자기가 정복한 곳에 자신의 이름을 딴 '알렉산드리아'라는 도시를 세웠어요. 그러고는 그리스 사람들을 이곳으로 옮겨 와 살게 하며 그리스 문화를 전파했지요.

알렉산드로스는 페르시아를 점령했지만, 페르시아 사람들과 그리스 사람들이 서로 잘 지내도록 애썼어요. 자신도 페르시아 귀족의 딸과 결혼했으며, 그리스 병사와 페르시아 여자들이 결혼하도록 적극적으로 권했지요.

알렉산드로스의 이러한 융합* 정책은 '헬레니즘 문화'를 탄생시켰어요. 헬레니즘 문화는 그리스 문화를 중심으로 동방 문화가 섞여서 만들어진 문화예요. 헬레니즘은 그리스 사람들이 자기 민족을 '헬레네스'라고 부른 데서 나온 말이지요.

알렉산드로스가 동방 원정을 시작한 때부터 로마가 지중해 세계를 정복할 때까지 약 300년 동안을 '헬레니즘 시대'라고 해요. 헬레니즘 시대에는 국가나 민족보다는 개인의 행복을 중요하게 여겼어요. 또 수학과 과학이 발전하였고, 미술에서는 인간의 본능*과 감정을 드러내도록 노력했어요.

기원전 334년
알렉산드로스가 동방 원정에 나섬.

기원전 334년~기원전 30년
헬레니즘 시대

 ## 읽은 것 확인하기

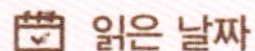 읽은 날짜:　　　월　　　일

1 알렉산드로스가 정복한 곳에 자신의 이름을 따서 세운 도시의 이름을 쓰세요.

____

2 알렉산드로스가 정복한 지역에 전파한 문화는 무엇인지 찾아 ○ 하세요.

그리스 문화	인도 문화	마케도니아 문화

3 헬레니즘 문화에 대한 글을 읽고, 빈 곳에 알맞은 말을 쓰세요.

헬레니즘 문화는 _________________ 문화를 중심으로 _________________ 문화

가 섞여서 만들어진 문화예요.

4 헬레니즘 시대에 대한 글을 읽으면서 알맞은 말에 ○ 하세요.

헬레니즘 시대는 (알렉산드로스 / 헬레네스)가 동방 원정을 시작한 때부터 로마가
지중해 세계를 정복할 때까지 약 300년 동안을 말해요. 이 시기에는 (국가 / 개인)
의 행복을 중요하게 여겼어요.

용어풀이
- **동방** 동쪽에 있는 나라.
- **융합** 다른 종류의 것이 녹아서 서로 구별이 없게 하나로 합해지는 것.
- **본능** 생물체가 자연적으로 타고나서 가지고 있는 억누를 수 없는 감정이나 충동.

글을 읽고, 해당하는 낱말을 글자판에서 찾아 ◯로 묶으세요.
낱말은 가로, 세로로 찾을 수 있어요.

헬	레	네	스	그	알
키	루	스	인	리	렉
플	라	톤	도	스	산
소	크	라	테	스	드
철	비	너	스	군	로
학	제	우	스	인	스

1 페르시아를 세운 왕으로, ◯◯◯ 2세예요.

2 그리스 신화에 나오는 최고의 신으로, 그리스 사람들이 이 신의 신전에서 제사를 지냈어요.

3 "악법도 법이다."라는 말을 남긴 그리스의 철학자예요.

4 마케도니아의 왕으로 이집트, 그리스, 페르시아에 이르는 대제국을 건설한 사람이에요.

5 알렉산드로스가 원정을 갔다가 포기한 곳이에요.

6 그리스 사람들이 자기 민족을 부르던 말로, 이 말에서 헬레니즘이 나왔어요.

마라톤이 한 병사를 기념하는 경기라고?

올림픽의 꽃은 아마도 마라톤일 거야. 마라톤은 한 병사를 기념하기 위해 생긴 경기야. 기원전 490년에 아테네 군대는 마라톤 들판에서 페르시아 군대와 싸워 이겼어. 아테네의 한 병사는 이 소식을 아테네 시민들에게 전하기 위해 40킬로미터가 넘는 길을 쉬지 않고 달렸어. 마침내 아테네에 도착한 병사는 전쟁에서 이겼다는 소식을 전하고 그 자리에서 쓰러져 죽고 말았지. 이 일이 오늘날 마라톤 경기의 기원이 되었어.

이집트의 항구 도시, 알렉산드리아

알렉산드로스가 세계 곳곳에 세운 도시, 알렉산드리아는 70여 개나 됐어. 이 중에서 이집트의 알렉산드리아가 가장 먼저 세워졌고 가장 유명했지. 이집트의 알렉산드리아는 나일강가에 세워진 항구 도시로, 지중해의 상업과 헬레니즘 문화의 중심지였어. 그래서 많은 그리스 사람들이 이곳으로 옮겨 와서 살았어. 이곳에는 당시 세계 최대의 도서관이 있었는데, 페르시아어, 이집트어, 그리스어로 쓰인 파피루스 두루마리가 50만 개가 넘게 있었다고 해.

◀ 오늘날의 알렉산드리아

17 일차 인도에서 탄생한 불교

불교를 누가 만들었는지 아나요? 불교는 석가모니가 만들었어요.

석가모니는 북인도에 있는 작은 나라의 왕자로, 이름은 고타마 싯다르타예요. 싯다르타는 왕자였기 때문에 부족한 것 없이 부유한 삶을 살았지요. 어느 날, 성 밖에 나간 싯다르타는 큰 충격을 받았어요. 먹을 것과 입을 것이 부족해 비참하게 사는 많은 사람을 보았기 때문이에요.

'사람들은 왜 고통을 겪어야 할까?'

'사람들을 고통에서 구원할 방법은 없을까?'

고민을 하던 싯다르타는 스물아홉 살에 깨달음을 얻기 위해 궁궐을 나왔어요. 그는 6년 동안 떠돌아다니며 고생을 했지요. 그러다가 보리수나무 아래에 앉아 명상*하던 중에 깨달음을 얻었어요.

'사람은 욕심 때문에 고통을 받는 거야. 고통을 없애려면 욕심을 버려야 해.'

이때부터 싯다르타는 '깨달음을 얻은 사람'이라는 뜻의 '붓다'로 불렸어요. '붓다'는 우리말로 '부처'라고 해요. 싯다르타는 45년 동안 인도 곳곳을 돌아다니며 누구나 수행*하여 깨달음을 얻으면 부처가 될 수 있다고 가르쳤어요.

▲ 석가모니 조각상

기원전 563년	기원전 528년경	기원전 483년
석가모니가 태어남.	석가모니가 깨달음을 얻음.	석가모니가 죽음.

1 석가모니가 만든 종교는 무엇인지 쓰세요.

2 싯다르타에 대한 설명으로 맞는 것을 모두 고르세요.　　　　　(　　, 　　)

① 북인도에 있는 작은 나라의 왕자였어요.

② 어려서부터 가난한 사람들을 도왔어요.

③ 궁궐에서 6년 동안 책을 보며 수행을 했어요.

④ 보리수나무 아래에서 깨달음을 얻었어요.

3 싯다르타가 깨달음을 얻은 뒤 무엇이라고 불렸는지 빈 곳에 알맞은 말을 쓰세요.

> 싯다르타는 '깨달음을 얻은 사람'이라는 뜻의 ＿＿＿＿＿＿＿＿＿라고 불렸어요.

4 싯다르타는 누구나 수행하여 깨달음을 얻으면 무엇이 될 수 있다고 가르쳤는지 찾아 ○ 하세요.

귀족	쿠처	신

용어풀이　• **명상** 고요히 눈을 감고 깊이 생각함.

　• **수행** 부처의 가르침을 실천하는 데 힘씀.

18일차 어지러운 세상에 등장한 사상가, 공자와 노자

공자는 중국 노나라에서 태어났어요. 공자가 태어날 무렵 중국은 여러 나라로 갈라져 서로 권력을 차지하기 위해 끊임없이 다투고 있었어요. 이 시대를 '춘추 전국 시대*'라고 해요.

계속된 전쟁으로 백성들의 생활은 점점 힘들어졌어요. 세상이 혼란스러워지자 여러 사상가*들이 등장했어요. 이들은 혼란을 바로잡기 위한 방법을 제시했어요. 그중에서 가장 대표적인 사람이 '공자'예요.

공자는 사람에게 제일 중요한 것은 '인'과 '예'라고 생각했어요. '인'은 '어질다'라는 뜻이고, '예'는 '예의'를 말하지요. 공자는 인을 실천하면 천하*를 바로잡을 수 있다고 주장했어요. 이러한 공자의 유가 사상은 나중에 유교로 발전했어요.

노자도 공자와 더불어 이 시기의 대표적인 사상가예요. 노자는 욕심을 버리고 자연의 흐름에 따라 살아야 좋은 나라를 이룰 수 있다고 주장했지요. 노자의 도가 사상은 나중에 도교로 발전했어요.

기원전 770년경 / 춘추 시대가 시작됨.
기원전 551년 / 공자가 태어남.
기원전 403년 / 전국 시대가 시작됨.

1 공자와 노자가 사상가로 등장한 때는 언제인지 찾아 ○ 하세요.

남북조 시대	삼국 시대	춘추 전국 시대

2 공자의 사상에 대한 글을 읽고, 빈 곳에 알맞은 말을 쓰세요.

> 공자는 사람에게 제일 중요한 것은 '인'과 '＿＿＿＿＿＿＿＿'라고 생각했어요. 또
> '＿＿＿＿＿＿＿＿'을 실천하면 천하를 바로잡을 수 있다고 했어요.

3 노자에 대한 글을 읽으면서 알맞은 말에 ○ 하세요.

> 노자는 욕심을 버리고 (자연 / 우주)의 흐름에 따라 살아야 좋은 나라를 이룰 수
> 있다고 주장했어요.

4 공자와 노자의 사상은 나중에 무엇으로 발전했는지 찾아 줄로 이으세요.

공자의 사상	•	•	도교
노자의 사상	•	•	유교

용어
풀이
- **춘추 전국 시대** 중국의 춘추 시대와 그다음의 전국 시대를 아울러 이르는 말.
- **춘추 시대** 주나라가 약해진 뒤 다섯 나라가 서로 다투던 시기.
- **전국 시대** 춘추 시대 다음부터 진나라의 통일 전까지 일곱 나라가 세력을 다투던 시기.
- **사상가** 사회나 정치 등에 대해 일정한 의견을 가지고 그것을 주장하는 사람.
- **천하** 하늘 아래 온 세상.

최초로 중국을 통일한 시황제

"이제부터 나를 시황제라고 부르도록 하여라."

이 말은 진나라*의 시황제가 중국을 통일하고 한 말이에요. 시황제는 전국 시대에 일곱 개의 나라로 갈라져 싸우던 중국을 최초로 통일했어요.

시황제는 왕이라는 말이 중국 전체를 다스리는 자신에게는 맞지 않는다고 생각했어요. 그래서 '황제'라는 칭호*를 만들어 자신에게 붙였어요. 중국의 첫 번째 황제이기 때문에 '처음 시(始)' 자를 붙여서 '시황제'라고 부르게 했지요.

시황제는 자신의 힘을 드러내기 위해 아방궁이라는 커다란 궁전을 짓고, 무덤도 미리 만들게 했어요. 그리고 흉노*의 침입을 막기 위해 전국 시대 때 다른 나라들이 쌓았던 성을 연결하여 만리장성을 완성했어요.

시황제는 여러 사상 중에서 엄격한 법으로 나라를 다스려야 한다는 법가* 사상만을 받아들이고 나머지는 모두 금지했어요. 다른 사상을 적은 책들을 모두 불태우고, 이를 반대하는 학자들을 산 채로 땅에 묻어 버렸어요. 이 사건을 '분서갱유'라고 해요.

영원히 살고 싶었던 시황제는 불로초*를 구하지 못하고 오십 살의 나이로 죽고 말았어요.

▲ 만리장성

기원전 221년 — 시황제가 중국을 통일함.
기원전 210년 — 시황제가 죽음.
기원전 206년 — 진나라가 멸망함.

1 일곱 개의 나라로 갈라진 중국을 통일한 사람은 누구인지 알맞은 글자를 모두 찾아 색칠하세요.

수	시	왕	황	제	자

2 시황제가 한 일에는 ○, 하지 않은 일에는 ✕ 하세요.

(1) 황제라는 칭호를 만들어 사용했어요.　　　　　　(　　　　)

(2) 아방궁이라는 커다란 궁전을 지었어요.　　　　　(　　　　)

(3) 만리장성을 처음부터 쌓아 완성했어요.　　　　　(　　　　)

(4) 자신의 무덤을 미리 만들게 했어요.　　　　　　(　　　　)

3 시황제가 받아들인 사상은 무엇인지 찾아 ○ 하세요.

유가 사상	법가 사상	도가 사상

4 시황제가 법가 사상이 아닌 다른 사상을 적은 책들을 불태우고, 이를 반대하는 학자들을 산 채로 땅에 묻은 사건을 무엇이라고 하는지 쓰세요.

✏️ ____

- **진나라** 중국 최초의 통일 왕조. 전국 시대에 있던 일곱 개의 나라 중 하나였음.
- **칭호** 어떠한 뜻으로 부르거나 말하는 이름.
- **흉노** 진나라와 한나라 때에 몽골고원에서 활약하던 유목 민족.
- **법가** 엄격한 법으로 나라를 다스려야 한다고 주장한 학파.
- **불로초** 먹으면 늙지 않는다고 하는 풀.

20 일차 중국 문화의 뿌리가 된 한나라

시황제가 죽은 뒤 진나라는 어리석은 왕이 뒤를 이어 나라가 아주 어지러웠어요. 이때 유방과 항우*가 군사를 일으켜 진나라를 무너뜨렸지요. 그 뒤 한나라를 세운 유방은 초나라의 항우를 물리치고 다시 중국을 통일했어요.

황제가 된 유방은 수도를 장안으로 옮겼어요. 그리고 수도와 그 근처 지역은 직접 다스리고, 나머지 지역은 한나라를 세우는 데 기여한 신하들을 제후*로 임명해 다스리게 했어요.

한나라 제7대 황제인 무제는 인과 예를 중요하게 여기는 공자의 유가 사상에 바탕을 두고 나라를 다스렸어요. 그는 베트남 북부와 고조선을 정복하여 땅을 넓혀 나갔어요. 또한 중국과 서역*을 이어 주는 비단길*을 처음으로 열어 한나라의 전성기를 이루었어요.

한나라의 문화는 중국 문화가 발전하는 데 밑바탕이 되어 오늘날까지 중국 문화에 뿌리 깊이 남아 있어요. 중국 인구의 대부분을 차지하는 민족의 이름은 '한족'이에요. 또 중국의 글자는 '한자'라고 하지요. 이처럼 중국을 나타내는 '한'이라는 글자는 한나라의 '한'에서 나온 거예요.

▲ 한자

기원전 202년 — 한나라가 중국을 통일함.
8년 — 한나라가 멸망함.
25년 — 후한이 세워짐.
220년 — 후한이 멸망함.

읽은 것 확인하기

1 빈 곳에 들어갈 말을 〈보기〉에서 찾아 쓰세요.

보기

초나라
한나라

_________________를 세운 유방은 _________________의
항우를 물리치고 다시 중극을 통일했어요.

2 무제는 어떤 사상에 바탕을 두고 나라를 다스렸는지 쓰세요.

____

3 무제에 대한 설명으로 맞는 것을 모두 고르세요.　　　　　　(　　 , 　　)

① 한나라의 제1대 황제예요.

② 고조선을 정복했어요.

③ 수도를 장안으로 옮겼어요.

④ 비단길을 처음으로 열었어요.

4 '한족'과 '한자'에 쓰인 글자 '한'은 어느 나라에서 따온 것인지 찾아 ○ 하세요.

하나라	한나라	진나라

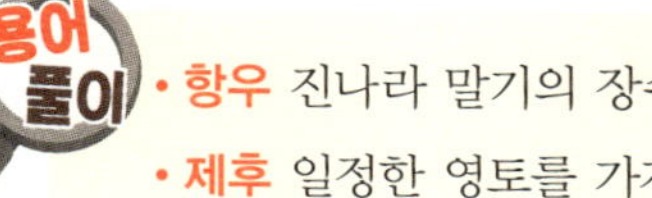

- **항우** 진나라 말기의 장수. 숙부와 함께 군사를 일으켜 유방과 힘을 합해 진나라를 멸망시킴.
- **제후** 일정한 영토를 가지고 그 영토 안의 백성을 지배하는 권력을 가지던 사람.
- **임명** 일정한 지위나 임무를 남에게 맡김.
- **서역** 중국의 서쪽에 있던 여러 나라를 통틀어 이르는 말.
- **비단길** 아시아를 가로질러 중국과 서아시아·지중해 연안 지방을 연결하였던 고대의 무역로.

21 일차

동서를 잇는 무역로, 비단길

한나라 황제 무제는 북쪽에 사는 흉노가 자꾸 내려와 백성을 괴롭히자 골치가 아팠어요. 무제는 흉노에게 쫓겨나 서역으로 옮겨 간 대월지라는 나라와 손잡고 흉노를 물리치려고 장건*을 대월지에 사신*으로 보냈어요.

하지만 장건은 대월지로 가다가 흉노에게 붙잡혔어요. 10년 뒤 흉노에게서 도망친 장건은 대월지로 가 무제의 뜻을 전했어요. 하지만 대월지의 왕은 무제의 제안을 거절했어요.

한나라로 돌아온 장건은 자신이 서역에서 보고 들은 것을 무제에게 알렸어요. 장건의 이야기를 들은 무제는 서역의 나라들과 교역*하고 싶어 했어요. 그런데 서역으로 가려면 사막과 험한 산을 지나야 했고, 흉노의 땅도 지나야 했어요. 무제는 서역으로 가는 길에 있는 흉노를 몰아냈어요. 그래서 상인들은 안심하고 중국과 서역을 오갈 수 있게 되었지요.

장건이 갔던 길을 따라 중국의 비단, 도자기, 종이 등이 서역으로 건너갔어요. 또 서역의 포도주, 유리, 호두 등이 중국에 전해졌고, 이슬람교와 크리스트교도 전해졌어요. 특히 이 길을 따라 중국의 비단이 서역으로 많이 팔리면서 이 길을 '비단길' 또는 '실크 로드'라고 부르게 되었어요.

▲ 비단길

기원전 139년
장건이 대월지로 떠남.

기원전 126년
장건이 한나라로 돌아옴.

읽은 것 확인하기

1 무제가 흉노를 함께 물리치려고 대월지에 사신으로 보낸 사람은 누구인지 쓰세요.

2 비단길을 통해 중국에서 서역으로 전해진 것이 <u>아닌</u> 것을 고르세요. (   )

① 도자기 ② 종이

③ 크리스트교 ④ 비단

3 비단길을 통해 서역에서 중국으로 들어온 것을 모두 찾아 ⚡로 묶으세요.

종이	유리	이슬람교
포도주	도자기	

4 중국에서 서역으로 가는 길의 이름이 비단길이 된 이유를 찾아 ○ 하세요.

그 길에 비단을 파는 가게가 많았기 때문에	길이 비단처럼 매끌매끌했기 때문에	그 길을 따라 비단이 많이 팔렸기 때문에

- **대월지** 중국의 전국 시대에서 한나라 때까지 중앙아시아에서 활약하던 나라.
- **장건** 한나라 때의 여행가이자 외교관.
- **사신** 임금이나 나라의 명령을 받고 다른 나라에 보내진 신하.
- **교역** 나라와 나라 사이에 물건을 서로 사고팖.

낱말 퍼즐

글을 읽고, 해당하는 낱말을 글자판에서 찾아 ◯로 묶으세요.
낱말은 가로, 세로로 찾을 수 있어요.

법	노	자	진	나	라
가	성	군	아	시	석
유	방	대	방	황	가
공	흉	노	궁	제	모
대	월	지	인	도	니
만	리	장	성	항	우

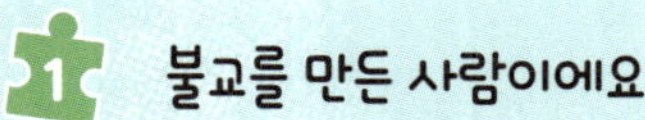

1. 불교를 만든 사람이에요.

2. 중국의 사상가로, 욕심을 버리고 자연의 흐름에 따라 살아야 좋은 나라를 이룰 수 있다고 한 사람이에요.

3. 시황제가 자신의 힘을 드러내기 위해 지은 커다란 궁전의 이름이에요.

4. 시황제 때 흉노의 침입을 막기 위해 다른 나라들이 쌓았던 성을 연결하여 완성한 성이에요.

5. 한나라를 세운 사람이에요.

6. 장건이 사신으로 간 나라예요.

선하게 태어날까? 악하게 태어날까?

춘추 전국 시대에 활동했던 사상가 중 맹자와 순자가 있어. 이들은 사람의 본성에 대해 서로 다른 주장을 폈어. 맹자는 사람은 선하게 태어난다고 주장했어. 세상을 살면서 마음에 때가 껴서 착한 마음이 드러나지 않는데, 마음을 갈고닦으면 때가 없어져서 원래 가진 선한 마음이 드러난다고 말했지. 반면에 순자는 사람은 악하게 태어난다고 주장했어. 그래서 교육을 통해 사람의 본성을 변화시켜야 한다고 했어.

신비한 유물이 가득한 시황제의 무덤

1974년 중국의 한 농부가 우물을 파다가 땅속에서 거대한 무덤을 발견했어. 이것은 진나라 시황제의 무덤이었는데, 그 규모가 엄청나게 커서 아직까지도 발굴하고 있어. 이 안에는 75미터나 되는 피라미드 모양의 무덤이 있고, 지하 궁전도 있다고 해. 또 700여 개의 굴이 있는데, 그 안에는 흙으로 만든 병사와 말 등이 만 개가 넘게 들어 있어. 병사와 말은 실제 크기와 동일하게 만들어졌으며, 병사들의 생김새는 저마다 다르고 표정이 생생하게 표현되어 있다고 해.

▲ 병마용 갱

22 일차 로마 제국의 탄생과 발전

오늘날 로마는 이탈리아의 수도인 작은 도시예요. 하지만 고대 로마 제국은 유럽, 서아시아, 북아프리카를 지배했던 거대한 제국이었어요.

로마 제국은 이탈리아반도 중부에 라틴족이 세운 작은 도시 국가에서 시작되었어요. 처음에는 이웃 나라인 에트루리아의 왕이 로마를 다스렸는데, 6세기 말에 왕을 쫓아내고 '공화정*'을 시작했어요.

로마의 공화정은 시민으로 이루어진 민회*에서 투표로 두 명의 집정관*을 뽑아 나라를 다스리게 하는 제도였어요. 원로원* 귀족들과 민회가 집정관을 감시하여 집정관에 권력이 집중되는 것을 막았지요.

기원전 3세기 무렵, 로마는 이탈리아반도를 통일했어요. 북아프리카에 있던 도시 국가 '카르타고'와 벌인 포에니 전쟁에서 승리하여 지중해를 장악하고, 점점 세력을 확대해 아주 넓은 영토를 차지했지요.

로마는 점령한 곳마다 도로를 깔아 모든 길이 로마와 연결되게 했어요. 점령한 지역을 쉽게 다스리기 위해서였지요. 또 로마가 세운 도시에는 개선문과 원형 경기장, 공중목욕탕을 지어 로마의 문화를 전파했어요.

▲ 로마 제국의 최대 영역

기원전 753년 · 라틴족이 로마를 세움.

기원전 275년경 · 로마가 이탈리아반도를 통일함.

기원전 264년~기원전 146년 · 포에니 전쟁을 벌임.

1 오늘날 이탈리아의 수도는 어디인지 찾아 ○ 하세요.

로마	아테네	파리

2 로마의 공화정에 대한 글을 읽고, 빈 곳에 알맞은 말을 쓰세요.

로마의 공화정은 __________________________으로 이루어진 민회에서 투표로 두 명의

__________________________을 뽑아 나라를 다스리게 하는 제도예요.

3 고대 로마 제국에 대한 설명으로 맞으면 ○, 틀리면 ✕ 하세요.

(1) 나라를 세웠을 때부터 귀족들이 나라를 다스렸어요. 　　　　　　(　　　　)

(2) 이탈리아반도 중부에 세운 작은 도시 국가에서 시작되었어요. 　(　　　　)

(3) 기원전 3세기 무렵 이탈리아반도를 통일했어요. 　　　　　　　(　　　　)

(4) 카르타고와의 전쟁에서 져서 힘이 약해졌어요. 　　　　　　　(　　　　)

4 로마가 세운 도시에 지은 것을 모두 찾아 ⌒로 묶으세요.

개선문	원형 경기장	공중목욕탕
신전	미술관	

용어풀이

• **라틴족** 기원전 10세기 무렵에 이탈리아의 라티움 지방에 정착한 민족.

• **공화정** 두 사람 이상이 공동으로 화합하여 정치를 하는 정치 제도.

• **민회** 고대 그리스·로마의 도시 국가에 있었던 일반 평민들의 회의.

• **집정관** 공화정에서 행정과 군사를 맡아보던 관리.

• **원로원** 고대 로마 공화정 시대에 집정관을 감독하던 기관으로, 귀족으로 이루어짐.

원로원 귀족들에게 막힌 카이사르의 꿈

율리우스 카이사르는 로마의 군인이며 정치가였어요. 카이사르는 마흔한 살에 크라수스*, 폼페이우스*와 함께 집정관으로 뽑혀 로마를 다스렸어요. 집정관의 임기가 끝난 뒤 카이사르는 갈리아*를 정복하러 떠났어요. 그리고 7년 만에 갈리아를 정복했지요. 그러자 그의 인기는 하늘을 찌를 듯했어요.

"카이사르를 그냥 두면 안 되겠어! 저러다 황제가 되려고 한다고."

카이사르의 인기에 위협을 느낀 원로원 귀족들과 폼페이우스는 카이사르를 로마로 불러들였어요. 원로원 귀족들은 카이사르에게 군대 없이 혼자서 로마로 오라고 했어요.

'군대를 이끌고 가면 반역죄*를 저지르는 것이고, 혼자 들어가면 나를 죽일 게 뻔한데 어떻게 해야 하지?'

고민하던 카이사르는 갈리아에서 군대를 이끌고 로마로 들어갔어요. 그러자 원로원 귀족들과 폼페이우스는 그리스로 도망가 버렸고, 로마 시민들은 카이사르를 반갑게 맞이했어요.

카이사르는 죽을 때까지 로마를 혼자 다스리는 독재관*이 되었어요. 이를 못마땅하게 여긴 원로원 귀족들은 카이사르를 죽이라고 사람을 보냈고, 카이사르는 황제가 되고 싶은 꿈을 이루지 못한 채 죽고 말았어요.

▲ 카이사르 조각상

기원전 100년	기원전 58년	기원전 44년
카이사르가 태어남.	카이사르가 갈리아 정복에 나섬.	카이사르가 죽음.

1　카이사르와 함께 집정관으로 뽑혀 로마를 다스린 사람을 모두 찾아 ○ 하세요.

크라수스	안토니우스	옥타비아누스	폼페이우스

2　카이사르가 정복한 지역은 어디인지 쓰세요.

3　카이사르에 대한 설명으로 맞는 것을 모두 고르세요.　　　　　(　　,　　)

① 로마의 군인이며 정치가였어요.

② 원로원 귀족들에게 지지를 받았어요.

③ 갈리아에서 군대를 이끌고 로마로 들어왔어요.

④ 로마 시민들에게 미움을 받았어요.

4　카이사르에 대한 글을 읽고, 빈 곳에 알맞은 말을 쓰세요.

> 카이사르는 갈리아에서 로마로 들어온 뒤 ___________________이 되었어요. 그러자
>
> ___________________ 귀족들이 사람을 보내 카이사르를 죽였어요.

용어풀이
- **크라수스** 고대 로마의 정치가로, 폼페이우스, 카이사르와 함께 정치를 함.
- **폼페이우스** 고대 로마의 장군이자 정치가. 카이사르와 대립하였다가 패함.
- **갈리아** 오늘날의 프랑스, 벨기에 전 지역과 이탈리아 북부, 네덜란드 남부 등을 포함한 지역.
- **반역죄** 국가와 민족 또는 조직을 배신한 죄.
- **독재관** 로마 공화정 시대에, 전쟁과 같이 긴급한 일이 일어났을 때 국가에 대한 일을 혼자 결정할 수 있는 힘을 가진 관직.

24일차 크리스트교의 탄생과 박해

기원전 4년에 로마 제국의 지배를 받던 팔레스타인 베들레헴의 마구간에서 한 아기가 태어났어요. 이 아기는 크리스트교를 만든 '예수 그리스도'예요.

예수는 서른 살쯤부터 사람들에게 하느님의 말씀을 전했어요.

"하느님을 사랑하고, 네 이웃을 사랑하여라."

많은 사람들이 예수를 따르자 유대교* 지도자들은 예수가 유대 민족*의 왕이 되려고 한다며 모함*했어요. 그래서 예수는 십자가에 못 박히는 십자가형을 받고 서른세 살에 죽고 말았지요.

예수가 죽은 뒤 제자들은 그의 가르침을 로마 제국 곳곳에 전했어요. 많은 사람이 예수를 세상의 어려움이나 고통에서 인류를 구원하는 존재로 믿으며 그의 가르침을 따랐어요. 이런 사람들을 '크리스트교도'라고 해요.

크리스트교도들은 로마 황제를 숭배하지 않고 로마의 신도 믿지 않았어요. 그러자 로마 황제는 크리스트교를 믿지 못하게 했어요. 또한 크리스트교도들을 잡아다 죽이거나 사자 밥으로 던져 주기도 했지요.

심한 박해* 속에서도 크리스트교를 믿는 사람들은 점점 늘어났어요. 결국 로마 제국의 콘스탄티누스 대제는 313년에 크리스트교를 로마의 종교로 인정해 주었어요.

기원전 4년 · 예수가 태어남.
30년경 · 예수가 죽음.
313년 · 로마 제국이 크리스트교를 인정함.

읽은 것 확인하기

1 예수 그리스도가 만든 종교는 무엇인지 쓰세요.

2 예수에 대한 글을 읽으면서 알맞은 말에 ○ 하세요.

> 많은 사람들이 예수를 따르자 (유대교 / 불교) 지도자들은 예수를 모함했어요. 그래서 예수는 (매질형 / 십자가형)을 받고 죽었어요.

3 로마 황제가 크리스트교를 믿지 못하게 한 이유를 모두 고르세요. 　　(　　, 　　)

① 크리스트교도들이 로마에 돈을 바치지 않았기 때문이에요.

② 크리스트교도들이 로마의 신을 믿지 않았기 때문이에요.

③ 크리스트교도들이 로마 황제를 숭배하지 않았기 때문이에요.

④ 크리스트교도들이 로마의 신전을 무너뜨렸기 때문이에요.

4 크리스트교를 로마의 종교로 인정해 준 황제는 누구인지 찾아 색칠하세요.

옥타비아누스　　　테오도시우스 1세　　　콘스탄티누스 대제

- **유대교** 모세의 율법을 기초로 발달한 유대인의 민족 종교. 유일신인 여호와를 믿음.
- **유대 민족** 히브리어를 사용하고 유대교를 믿는 민족.
- **모함** 나쁜 꾀를 부려 아무 잘못 없는 사람을 어려운 처지에 빠뜨림.
- **박해** 힘이나 권력을 가지고 다른 사람을 괴롭히거나 못살게 굴어서 해롭게 함.

로마 제국의 최대 전성기, 로마의 평화!

카이사르가 죽은 뒤 카이사르의 양자인 옥타비아누스가 로마의 권력을 잡았어요. 그는 카이사르가 암살당하는 것을 보았기 때문에 황제가 되려고 하지 않았어요. 스스로를 '제1 시민'이라고 부르며, 원로원의 의견을 존중했지요.

원로원은 옥타비아누스에게 '존엄한 사람'이라는 뜻의 '아우구스투스'라는 칭호를 내렸어요. 아우구스투스는 41년 동안 로마 제국을 혼자서 다스리며 로마가 번영할 수 있도록 기틀을 마련했어요.

기원후 96년부터 약 100년 동안 로마 제국에는 다섯 명의 현명한 황제가 연달아 나라를 다스렸어요. 이 황제들을 '오현제'라고 하는데, '네르바, 트라야누스, 하드리아누스, 안토니누스 피우스, 마르쿠스 아우렐리우스'였지요. 오현제가 다스리던 시기에는 로마 군대의 힘이 막강해서 다른 민족이 침략하지 못했어요. 또 정치도 안정되어 평화로웠지요.

아우구스투스가 다스리던 때부터 오현제 시대까지 약 200년 동안은 로마 제국의 가장 큰 전성기였어요. 이 시기를 '로마의 평화'라고 부르지요.

하지만 오현제 시대 이후 로마 제국은 황제 자리를 노리는 군인들의 반란이 계속 이어져 점점 기울어 갔어요.

▲ 옥타비아누스 황제 조각상

기원전 27년 · 옥타비아누스가 황제가 됨.
96년 · 오현제 시대가 시작됨.
180년 · 오현제 시대가 끝남.

읽은 것 확인하기

1 옥타비아누스는 스스로를 무엇이라고 불렀는지 찾아 ◯ 하세요.

제1 시민	제1 황제	아우구스투스

2 원로원이 옥타비아누스에게 내린 칭호는 무엇인지 쓰세요.

____

3 오현제라고 불린 황제를 모두 찾아 ⟆로 묶으세요.

4 로마 제국의 전성기에 대한 글을 읽고, 빈 곳에 알맞은 말을 쓰세요.

로마 제국의 가장 전성기는 ＿＿＿＿＿＿＿＿＿＿가 다스리던 때부터 오현제

시대까지 약 200년 동안으로, 이 시기를 ＿＿＿＿＿＿＿＿＿라고 불러요.

* **양자** 자기가 낳지 않고 데려다가 기르는 아들.
* **반란** 정부나 지도자 등에 반대하여 공격하거나 싸움을 일으킴.

글을 읽고, 해당하는 낱말을 글자판에서 찾아 ◯로 묶으세요.
낱말은 가로, 세로로 찾을 수 있어요.

옥	타	비	아	누	스
민	유	반	집	카	잉
회	대	도	정	이	카
라	틴	족	관	나	인
황	원	로	원	르	예
제	카	르	타	고	수

 로마 제국을 세운 민족이에요.

 로마 공화정에서 행정과 군사를 맡아보던 관리를 말해요.

 포에니 전쟁에서 로마와 싸운 나라예요.

 갈리아 땅을 정복한 로마의 군인이자 정치가예요.

 크리스트교를 만들었고, 십자가형을 받고 죽은 사람이에요.

 카이사르의 양자로, 스스로를 '제1 시민'이라고 부른 사람이에요.

로마 제국과 관련된 속담들이 있다고?

로마 제국과 관련된 속담 몇 가지를 알아볼까? "로마에 가면 로마법을 따르라."라는 말이 있어. 이 속담은 새로운 곳에 가면 그곳의 규칙을 따르라는 말이야. "모든 길은 로마로 통한다."라는 속담은 로마가 세계의 중심이었던 것처럼 어떤 분야의 중심이 되는 사람이나 지역을 뜻해. 또 "로마는 하루아침에 이루어지지 않았다."라는 속담도 있어. 작은 도시 국가에서 시작해 오랜 시간에 걸쳐 대제국을 이룬 로마처럼 어떤 일이든 긴 시간 공을 들여야 이룰 수 있다는 뜻이야.

▲ 고대 로마의 도로 가운데 가장 오래되고 유명한 아피우스 가도

기원전과 기원후는 어떻게 나누는 것일까?

보통 연도를 표시할 때는 기원전과 기원후로 표시해. '기원'은 연대를 계산하는 데 기준이 되는 해를 말하지. 기원전과 기원후의 기준이 되는 해는 언제일까? 바로 예수가 태어난 해야. 따라서 예수가 태어나기 전을 기원전으로, 예수가 태어난 이후를 기원후로 표시하지. 그런데 실제 예수가 태어난 해는 기원후 1년이 아니고, 기원전 4년이라고 해.

해답과 도움말

1일차 아프리카에 등장한 인류의 조상　　📖 8~9쪽

1　오스트랄로피테쿠스 아파렌시스
2　아프리카
3　(순서대로) 남쪽의 원숭이, 똑바로 선 사람, 지혜로운 사람
4　호모 사피엔스

도움말 '호모 사피엔스'는 오늘날 우리 모습과 가장 비슷한 인류로, 우리의 직접적인 조상이라고 할 수 있어요. 그들은 무리를 지어 큰 동물을 사냥하고, 식물의 뿌리와 열매를 먹었어요.

2일차 인류 최초의 문명, 메소포타미아 문명　　📖 10~11쪽

1　메소포타미아
2　④
3　(순서대로) 지구라트, 제사
4　바퀴, 쐐기 문자, 태음력

도움말 수메르 사람들은 하늘에 있는 신들과 땅에 있는 사람들을 연결하기 위해 도시마다 '지구라트'라는 신전을 높이 쌓았어요. '지구라트'는 '높은 곳'이라는 뜻이에요.

3일차 나일강가에 꽃핀 이집트 문명　　📖 12~13쪽

1　나일강 유역
2　파라오
3　(순서대로) 별자리, 태양력
4　(순서대로) 천문학, 수학

도움말 이집트 사람들은 왕을 '파라오'라 불렀고, 파라오가 태양신인 '라'의 아들이어서 신비한 능력을 가지고 있다고 생각했어요.

4일차 이집트 왕의 무덤, 피라미드　　📖 14~15쪽

1　피라미드
2　②
3　(1) ○, (2) ✕, (3) ○, (4) ○
4　스, 핑, 크, 스, 스핑크스

도움말 이집트에서는 왕이 죽으면 미라로 만들어 피라미드에 모셨어요. 피라미드 안에는 다양한 보물과 왕이 사용했던 물건도 함께 넣었지요. 피라미드 안의 방과 통로는 미로처럼 만들어서 밖에서 손쉽게 들어가지 못하게 했어요.

인도

5일차 인더스강 유역에서 일어난 인도 문명

📖 16~17쪽

1 (순서대로) 맞아요, 틀려요
2 인도 문명
3 모헨조다로, 하라파
4 ①, ③

> **도움말** 모헨조다로와 하라파는 인도 문명에서 가장 규모가 큰 도시예요. 이 도시들의 모든 길과 건물은 일정한 크기의 돌과 진흙 벽돌로 반듯하게 지어졌어요.

동아시아

6일차 황허강에서 시작된 중국 문명

📖 18~19쪽

1 황허강
2 (순서대로) 농사, 상나라
3 ③
4 갑골문

> **도움말** 상나라 사람들은 뛰어난 청동 기술을 가지고 있어서 제사 때 쓰는 그릇과 무기 등을 청동으로 정교하게 만들어 썼어요. 이 유물들은 상나라의 수도였던 은허에서 많이 발견되었어요.

낱말퍼즐

📖 20쪽

1 석기
2 수메르
3 태양력
4 파피루스
5 미라
6 인장

태	양	력	가	마	수
스	핑	크	스	이	메
인	무	석	기	집	르
장	덤	문	명	트	달
철	미	파	피	루	스
기	라	함	무	라	비

7일차 아메리카 대륙의 고대 문명

📖 22~23쪽

1 ①, ③
2 (순서대로) 올메카, 차빈
3 (1) ○, (2) ✕, (3) ○
4 아마존 문명

> **도움말** 올메카 문명은 사포테카 문명, 마야 문명 등이 생기는 데 영향을 주었고, 차빈 문명은 나스카 문명과 모체 문명이 생기는 데 큰 영향을 주었어요.

8일차 눈에는 눈, 이에는 이! 함무라비 법전

📖 24~25쪽

1 함무라비왕
2 메소포타미아
3 (1) ○, (2) ✕, (3) ○, (4) ✕
4 (순서대로) 바빌로니아, 함무라비 법전

> **도움말** 함무라비 법전은 282개의 법조문이 돌기둥에 쐐기 문자로 새겨져 있어요. 함무라비 법전은 문자로 기록된 세계 최초의 법전이에요.

9일차 알파벳의 기원이 된 페니키아 문자

📖 26~27쪽

1 재훈, 한결
2 배우고 쓰기가 어려웠기 때문에
3 스물두 (또는 22)
4 (순서대로) 페니키아, 그리스

> **도움말** 페니키아 사람들은 무역을 위해 지중해 연안 곳곳을 다니며 여러 도시를 세웠어요. 로마와 포에니 전쟁을 벌인 카르타고도 페니키아 사람들이 세운 도시였어요.

10일차 인도의 엄격한 신분 제도, 카스트제

📖 28~29쪽

1 아리아인
2 브라만-1, 수드라-4, 바이샤-3, 크샤트리아-2
3 (순서대로) 신에게 제사 지내는 일, 정치와 군사에 관한 일, 농사짓거나 장사하는 일, 노예 생활
4 (1) ✕, (2) ○, (3) ○

> **도움말** 인도 사람들은 자신들의 신분 제도를 '색깔'이라는 뜻의 '바르나'라고 불렀어요. 아리아인과 원주민의 피부 색깔이 달랐기 때문이지요. '카스트'는 인도에 온 포르투갈 사람이 붙인 말로, '혈통'이나 '신분'을 뜻해요.

낱말퍼즐

📖 30쪽

1 재규어
2 인두상
3 안데스산맥
4 지중해
5 인도
6 브라만

인	인	더	스	재	바
두	나	지	쏴	규	이
상	포	중	기	어	샤
신	테	해	브	라	만
분	카	중	국	인	도
안	데	스	산	맥	강

11일차   서아시아를 통일한 페르시아 제국

📖 32~33쪽

1 그리스
2 조로아스터교
3 준우, 시윤
4 그리스

> **도움말** 다리우스 1세는 조로아스터교를 믿었어요. 그는 조로아스터교의 신인 아후라 마즈다가 자신에게 페르시아 제국을 다스리는 사명을 주었다고 생각했어요.

12일차   하나라고 생각한 그리스의 도시 국가들

📖 34~35쪽

1 폴리스
2 (순서대로) 4, 올림픽
3 (순서대로) 아테네, 민주 정치
4 (1) ◯, (2) ✕, (3) ◯

> **도움말** 민주 정치가 발달했던 아테네에서는 '도편 추방제'라는 제도가 있었어요. 도자기 조각에 독재자가 될 가능성이 있는 사람의 이름을 적어 가장 표가 많이 나온 사람을 10년 동안 아테네에서 쫓아내는 제도였지요.

13일차 가장 강한 군대를 가진 폴리스, 스파르타

📖 36~37쪽

1 스파르타
2 일곱 살
3 ①, ④
4 스파르타식 교육

도움말 스파르타는 강력한 군사 국가였는데, 군사 교육을 통해 남자아이들을 강한 전사로 키워 냈어요. 스파르타 남자들은 나라를 위해 싸우다가 죽는 것을 명예로 여겼어요.

14일차 그리스의 철학을 이끈 철학자들

📖 38~39쪽

1 (순서대로) 철학, 자신
2 ②, ④
3 플라톤
4 아리스토텔레스

도움말 플라톤은 스승인 소크라테스가 죽자 아테네를 떠나 오랫동안 여행하면서 다양한 사상을 접했어요. 그러고는 아테네로 돌아와 '아카데메이아'라는 학교를 세워 학생들을 가르쳤어요. 아리스토텔레스도 이 학교에서 공부했지요.

15일차 세계 제국을 꿈꾼 알렉산드로스

📖 40~41쪽

1 마케도니아
2 중국
3 (순서대로) 맞아요, 맞아요, 틀려요
4 ③

도움말 알렉산드로스는 이소스 평원에서 페르시아의 왕 다리우스 3세가 이끄는 군대와 싸웠어요. 알렉산드로스 군대는 이 싸움에서 페르시아의 왕비와 공주를 사로잡으며 크게 승리했어요.

16일차 그리스 문화와 동방 문화의 만남, 헬레니즘 문화

📖 42~43쪽

1 알렉산드리아
2 그리스 문화
3 (순서대로) 그리스, 동방
4 (순서대로) 알렉산드로스, 개인

도움말 그리스 문화를 좋아했던 알렉산드로스는 정복한 지역 곳곳에 '알렉산드리아'라는 그리스식 도시를 세웠어요. 알렉산드리아에는 그리스의 신전, 극장 등을 지어 그리스 도시처럼 꾸미게 했지요.

낱말퍼즐

📖 44쪽

1 키루스
2 제우스
3 소크라테스
4 알렉산드로스
5 인도
6 헬레네스

헬	레	네	스	그	알
키	루	스	인	리	렉
플	라	톤	도	스	산
소	크	라	테	스	드
철	비	너	스	군	로
학	제	우	스	인	스

인도

17일차　인도에서 탄생한 불교

📖 46~47쪽

1 불교
2 ①, ④
3 붓다
4 부처

> 도움말 석가모니가 만든 불교는 자비와 평등을 강조하고, 신분을 차별하는 것을 반대했어요. 그래서 브라만을 가장 중요하게 여기는 카스트제에 불만이 있던 크샤트리아와 바이샤가 불교를 믿었어요.

동아시아

18일차　어지러운 세상에 등장한 사상가, 공자와 노자

📖 48~49쪽

1 춘추 전국 시대
2 (순서대로) 예, 인
3 자연
4 (순서대로) 유교, 도교

> 도움말 춘추 전국 시대에는 인과 예를 강조한 공자, 자연 그대로의 삶을 주장한 노자, 법을 강조한 한비자, 차별 없는 사랑을 주장한 묵자 등 여러 사상가가 활동했어요.

19일차 최초로 중국을 통일한 시황제

📖 50~51쪽

1 시, 황, 제
2 (1) ◯, (2) ◯, (3) ✕, (4) ◯
3 법가 사상
4 분서갱유

도움말 시황제는 일곱 개로 갈라져 있던 중국을 통일한 뒤 나라마다 달랐던 문자와 법을 하나로 통일했어요. 또 화폐도 통일하고, 무게나 길이를 재는 단위도 통일했어요.

20일차 중국 문화의 뿌리가 된 한나라

📖 52~53쪽

1 (순서대로) 한나라, 초나라
2 유가 사상
3 ②, ④
4 한나라

도움말 무제는 유가 사상에 바탕을 두고 나라를 다스렸어요. 나라의 관리를 뽑을 때도 유가의 가르침을 잘 이해하고 따르는 사람을 우선적으로 뽑도록 했어요.

21일차 동서를 잇는 무역로, 비단길

📖 54~55쪽

1 장건
2 ③
3 포도주, 유리, 이슬람교
4 그 길을 따라 비단이 많이 팔렸기 때문에

도움말 한나라의 무제는 흉노를 정벌하기 위해 대월지와 동맹을 맺으려고 장건을 대월지로 보냈지만 대월지 왕의 거부로 동맹을 맺지 못했어요. 하지만 장건을 대월지로 보낸 것이 계기가 되어 한나라와 서역을 연결하는 비단길이 열리게 되었어요.

낱말퍼즐

📖 56쪽

1 석가모니
2 노자
3 아방궁
4 만리장성
5 유방
6 대월지

법	노	자	진	나	라
가	성	군	아	니	석
유	방	대	방	황	가
공	흉	노	궁	제	모
대	월	지	인	도	니
만	리	장	성	항	우

유럽

22일차 로마 제국의 탄생과 발전

📖 58~59쪽

1 로마
2 (순서대로) 시민, 집정관
3 (1) ✕, (2) ◯, (3) ◯, (4) ✕
4 개선문, 원형 경기장, 공중목욕탕

도움말 로마는 기원전 6세기 말부터 공화정을 시작했어요. 공화정 초기에는 귀족으로 이루어진 원로원이 권력을 장악했으나, 나중에는 원로원, 집정관, 민회가 서로 견제와 균형을 이루며 정치를 했어요.

유럽

23일차 원로원 귀족들에게 막힌 카이사르의 꿈

📖 60~61쪽

1 크라수스, 폼페이우스
2 갈리아
3 ①, ③
4 (순서대로) 독재관, 원로원

도움말 기원전 60년경에 카이사르는 크라수스, 폼페이우스와 함께 권력을 잡고 로마를 다스렸어요. 이처럼 고대 로마에서 세 지도자가 함께 정권을 잡고 정치하는 제도를 '삼두 정치'라고 해요.

24일차 크리스트교의 탄생과 박해 📖 62~63쪽

1 크리스트교
2 (순서대로) 유대교, 십자가형
3 ②. ③
4 콘스탄티누스 대제

> **도움말** 콘스탄티누스 대제는 313년에 밀라노에서 시민들이 크리스트교를 자유롭게 믿어도 된다고 발표했어요. 또 박해할 당시 빼앗은 교회의 재산도 돌려주도록 지시했어요. 이것을 '밀라노 칙령'이라고 해요.

25일차 로마 제국의 최대 전성기, 로마의 평화! 📖 64~65쪽

1 제1 시민
2 아우구스투스
3 네르바, 하드리아누스, 트라야누스, 안토니누스 피우스, 마르쿠스 아우렐리우스
4 (순서대로) 아우구스투스(또는 옥타비아누스), 로마의 평화

> **도움말** 원로원은 옥타비아누스에게 '아우구스투스'라는 칭호를 바쳤어요. '아우구스투스'는 '존엄한 사람'이라는 뜻의 라틴 말이지요. 이때부터 옥타비아누스는 사실상 황제나 다름없는 권력을 가지고 로마를 다스렸어요.

낱말퍼즐

📖 66쪽

1 라틴족
2 집정관
3 카르타고
4 카이사르
5 예수
6 옥타비아누스

옥	타	비	아	누	스
민	유	반	집	카	잉
회	대	도	정	이	카
라	틴	족	관	나	인
황	원	로	원	르	예
제	카	르	타	고	수